文經文庫 289

每天給自己按一個讚

胡順成◎著

文經社
Taiwan

COSMAX
PUBLISHING Co.
Since 1981

自序

只要你願意，每天都會有無數個「讚！」

文經社出版我的書，讓我見識到了他們是怎樣在做出版工作。經過無數回溝通，最後關頭，整個團隊與我還為了要用哪一張圖做封面而反覆推敲。最後，我們決定了選出了這張「哭泣女孩」。

「哭」，在世人眼中是種負面的能量，但《聖經》裡最後一篇〈啟示錄〉裡形容的天國，上帝賜給這些得勝的子民，不是什麼金銀財寶，而是「神要擦去他們一切的眼淚；不再有死亡，也不再有悲哀、哭號、疼痛，因為以前的事都過去了。」

流淚，是年輕人成長的開始。唯有哭過的人，才了解什麼是「堅強」。哭是一種宣洩、一種過程、也是一種靈魂的淘洗，有誰不是從折磨和淚光中浮浮沉沉、跌跌撞撞的走過來，才成就了今天這個位置？

每一個深度的喜樂，都是透過深度的琢磨，才逐漸體會到苦中的甘甜。就像一顆晶瑩的鑽石，磨到稜角都磨光了，才成就最後的光艷亮潔。

「哭」，很微妙，要在熟人的面前哭，容易；要對完全陌生的人哭，很難，也不太可能。第一、陌生人完全不懂你。第二、你很累。第三、你說完哭完他就忘了，不關他的事，他其實沒義務聽你說。

不過，二十一世紀的今天，臉書（Facebook）卻做到了這「不可能的任務」。曾獲法國巴黎國際攝影比賽Px3職業類攝影集第三名的本土攝影家徐聖淵先生，二〇一〇年起企劃了「哭泣女孩」這一主題，就是希望透過網路，徵求一百位女生在鏡頭前，宣洩自己的傷心往事，讓他用相機紀錄下來。

通常女生拍照，尤其是找專業攝影師拍照，總希望自己在鏡頭前笑顏逐開，連輕蹙蛾眉都是大忌了，更何況是在鏡頭前真情流淚？但在媒體報導後，全台各地卻有很多女生專程來找他拍照，甚至還有海外的女生，也想到他鏡頭前大哭一場。

本書封面就是從這些作品中選出的，你看這位來自京都的日本小姐，在言語不通的情況下，小徐並不是用耳朵在聽她的故事，而是用鏡頭在聽。她的眼淚，是不是讓你也想起了一些事情？

人的真感情不只有喜樂雀躍，哭泣也是。一再的只顧形象、壓抑情感，反而違反人性，也不健康。人生最珍貴的不是結果，不是表象的光鮮好看，而是破繭的過程和反敗為勝的志氣。怎樣挺過去？怎樣走出來？怎樣付出？怎樣接受別人的鼓舞？這些都剛好契合了我寫這本書的原意。我們對受苦受難者的關懷，正因為我們知道，有一天我們也需要別人的關懷。

窗外有陽光、網路有臉書，生活裡有朋友，家裡有家人，午夜裡有自己。我們一定會活得更好。臉書，讓我們看見了讚！的隱形力量。它推動了世界，也推動了你我。

特別是網路沒疆界，無隔閡。富貴貧賤，大家一夕之間突然變成「天涯若比鄰」，誰都能站上「國際舞台」，一躍而成為「作家」、「發行家」。人人都有機會意外「爆紅」。再不濟，也能滿足「微小的成就感」。

只要你上傳照片、影片、短文……幾乎同步，就能傳遍世界，一堆人相繼進門回應，為你加油，按一個「讚！」說你棒，讚你行。同樣的，你也可以隨時按一個「讚！」鼓舞認識或不認識的人。無論勉勵自己，讚嘆別人，全世界好幾億人口，就此「讚！」來「讚！」去，一股無遠弗屆的暖流，流漾過千萬人的心。

正向思考，樂觀看待所有的事情，我們可以對千萬個陽光說：讚！

讚！來自於目的的純粹，動機的善良，也來自於愛與盼望。「讚！」的魅力，誰都無法抵擋。只要你願意，每天一定都會有「讚！」的事情發生。就算還沒有發生，你同樣可以創造一些送給自己「讚！」的好理由。

你可以毫不吝嗇的送人「讚！」，讓別人天天開心。也可以在自己有任何創意、任何長進、任何成果、任何新的表現或期待時，給自己按一個「讚！」。

每天，你都有給自己按一個「讚！」的習慣嗎？如果可以，給自己按十個、百個，或更多個「讚！」吧！結合冥想的力量，心想會事成，好事會發生。

讚！代表知足、感恩、美好、進步、幸運、圖強和希望。有了這麼多的「讚！」你的人生將從此讚！讚！讚！……讚起來！也站起來！這是多麼美好的期待啊！

讚美你，讚嘆你，也期待你創造更多「讚！」的大事小事。從此日日開心，天天讚不完……

[目次]

第1大讚 喜樂的心，就是良藥

第2大讚

找出活路，留下退路

[目次]

第3大讚 一心向上，一心慈悲

第4大讚 學習微笑，面對苦難

[目次]

第5大讚 面對陽光，正面思考

JOY

第1大讚

喜樂的心，就是良藥。

我能常常喜樂，我給自己按一個讚！

創造幸福的語境

過年期間，在超商，無意間聽到兩個人的對話。

一個說：「前幾天冷得半死，幸好現在放假，既不冷又沒下雨，很適合到處走走，或是去看看老朋友，真是開心。」

另一個卻說：「過年期間，不是商店沒營業，就是人擠人，一點都不好玩，休完年假又下雨了，還有一大堆討厭的工作等著我，煩透了……」

人的說話習慣真的很有趣，有的人一開口就是說好話，例如：「幸好現在放假、既不冷又沒下雨、很適合到處走走、真是開心。」

但也有的人一開口就是說壞話，例如：「商店沒營業、人擠人、一點都不好玩、又下雨了、一大堆討厭的工作等著我、煩透了」。

說話習慣反應的是一個人的情緒狀態、心理狀態、或是幸福感指數。樂觀的人會自己點鞭炮，自己慶祝，自己唱歌，自己開心；悲觀的人會自己關門窗，禁錮自己，自己碎碎唸，獨自生悶氣。

這兩個人的天空迥然大不同，給人的印象剛好是「**朗朗晴空有朝陽，愁雲慘霧鬧彆扭**」的兩極對照。

這一點在美國心理學會主席馬丁・塞利格曼博士的《正向心理學》（positive psychology）中說得很清楚：

「把眼光聚焦在積極與美好的事物之上，當事人就容易發揮個人所長，找到幸福感與價值感，同時到處受人歡迎。」

正向心理的人自然會說好話，負向心理的人自然會說壞話，這是不經意的習慣，也是很難扭轉的習氣。

舊曆年前，有位長輩希望我幫她搜集一些「吉祥話」。問她做什麼用，她說：「拜年打電話時用，因為每個人都想聽好話，所以我要出口成章，口吐蓮花，讓大家都開開心心。」

我覺得她的出發點很好，就幫她上網找了一些通俗的順口溜，包括：「一元復始，萬象更新；財源滾滾、大吉大利；步步高升、事事如意；招財進寶、百事吉祥；四季平安、心想事成；風調雨順、國泰民安；開春大吉、新年快樂；大發利市、金玉滿堂；鴻圖大展、五福臨門……」

她滿意極了。老太太要刻意說好話，還先打草稿做計劃，的確很有心。

我的另一位好友在某慈善團體工作，他說：「一開始，聽到大家開口閉口都說感恩您、謝謝您、托您的福、功德無量……很不習慣，覺得好像大家都很虛假做作，不過日子久了，不知不覺喜歡起來，絲毫不覺得有任何的虛假做作。畢竟，有口有心，彼此感恩，這樣的風氣是會互相感染的。」

日本人認為言語之中，存在著神靈的力量，簡稱為「言靈」。因此人的言語裡，隱藏有打動別人和鼓動自己的「信息波」，像神靈一樣，隨著信息波，會振奮人心激勵士氣。

常說好話、讚美的話、祝福的話、關心的話、釋出善意的話……在冥冥之中，能產生不可思議的神奇力量。

殺風景潑冷水的話、狂妄的話、挑撥是非的話、傷人的話、悲觀的話，都不如鼓勵的話、溫婉的話、肯定的話、討喜的話、祝福的話、樂觀的話那麼具有正向暗示的建設性。

所以，遇到說好話的機會時不要錯過，只要是真心誠意，合時合宜的好話，都能為別人創造幸福的語境。

每個人每天都可能遇到好天氣和壞天氣、好運氣和壞運氣。年齡越長，越會對七情六欲看得淡薄，不會在枝節裡斤斤計較，既不容易為小事動氣，也不容易為大事受傷。

努力「口吐蓮花」，做到「存好心，說好話，做好事」，一定能使我們的人緣變好，人氣提升，命運跟著逆勢攀升。

每天給自己按一個讚

同樣一句話，我要挑出好的來說，要以不傷人又能溫暖人心為前提。我給自己按一個讚！

讚・留言・分享　1

搭一座橋，總比築一道牆好

在歐洲，有一位二十歲的男孩，和他的父親一起去渡假。

當他們來到萊茵河畔的草地時，男孩差一點被斜坡的綠草絆倒，幸好他的父親衝過去，一把拉住了他的手，有驚無險。這位父親牽著他的手，對他說：

「走草地時要像我這麼走才不會摔倒。」

那男孩突然哭了，這位父親覺得很詫異，就問他：「你為什麼哭了？」

男孩說：「爸爸，你多久沒有牽我的手了，你牽著我的手，讓我突然想起很小很小的時候，你就是這樣牽我的手的。」

你多久沒有牽你家人的手了？你們的距離有多近？還是有多遠？

我的意思是，你們之間「心的距離」有多近？還是有多遠？

你們的心很近，肢體的距離卻很遠嗎？

還是因為你們肢體的距離很遠，以致於感覺不到彼此的心，其實很親近？根據科學研究發現，情侶、配偶、親人之間，如果常常有肢體的接觸，例如牽手、拍肩膀、擁抱、和顏悅色、目光交會、說話時透露出關心、理解、體諒、慰問、為對方設想、為對方服務的意願，能給對方極大的安全感。

東西方人最大的差別就是，東方人太多禮教的規範，以致於「嚴肅」變成一種人與人之間溝通和互動的方式，連最親密的人也不例外。

西方人則多半較少這樣的約束，你可以在機場大廳或很多地方，看見父子父女，母子母女擁抱，夫妻情人吻別。

東方人的忌諱、矜持、社會觀感、形象的考量，變成一種「情感的壓抑」。我們常常說：「愛他，要讓他知道！」可是，多少人愛他，卻因為不敢表達而錯過或留下了遺憾。

你聽過一句話嗎？那就是：「**世界上最遠的距離，就是你在我身邊，卻不知道我有多愛你！**」

愛要勇敢的表達出來，不要在錯過了以後再說：「其實我很愛你！」那樣，只是馬後炮，只能像《喝采》那首歌一樣，悔恨滿胸而已。

有一位媳婦，為了改善婆媳關係，特地買了一瓶很貴，她婆婆捨不得買的染髮劑回家，然後對她說：「我特地為你買了這瓶不傷皮膚、效果又好的進口染髮劑，染起來很好看喔！我想幫你染染看好嗎？」

經過了染髮的「肢體接觸」，媳婦貼心的幫忙婆婆梳髮、染髮、捲髮、吹髮……加上染好之後的讚美，婆媳關係大躍進。那位婆婆到處對人說：「這是我媳婦幫我染的，我很滿意。」

其實，她就是在炫耀自己有福氣；而媳婦「被大大的加分」自不在話下。

世界上，老的小的、親的疏的，統統需要別人的愛和關心。想像一下，被關心或被愛的幸福感，就知道，先去愛人關心人，會有怎樣的回應。凡是真誠的付出、不求回報的真心，都是最「動人的肢體語言」。

只要是「發自內心的誠意」，就是好意。我們如果對好的事情加以排斥，或者說那是虛假，是因為我們不習慣好事，以為好事就是一種包裝的關係。用俗念看待正念，自然會看不見事情的本質。

人與人的互動，搭一座橋，總比築一道牆好。讓高牆倒下，找機會搭一座橋，特別是對你最親愛、敬重的人。

蔡琴有首歌的歌詞是：「讀你千遍也不厭倦」；江蕙另一首歌的歌詞是：「人情世事已經看透透，有啥人比你卡重要」，都在描述愛一個人的心情。

在現實生活中，兩代人的親情，兩個情侶的愛情，兩個好友的友情，常常是「愛你在心口難開，牽掛你在心口難開」。這是傳統習慣、社會束縛、個人矜持等因素造成的猶豫。

世界上最近的距離是，就算你和某個人各自在很遙遠的地方，你們的心卻很近很近，近到幾乎零距離。

面對你所愛的人，你多久沒有牽他的手，說愛他了？

每天給自己按一個讚

肢體語言，有時候勝過千言萬語。眼前有高牆，我要讓高牆倒下；眼前有深河，我就搭一座橋。我給自己按一個讚！

讚・留言・分享　1

吃八寶飯的生活氣味

幾天前，聽說巷尾那個王先生又去醫院住了一陣子。

這是他第五次中風，而且進去醫院就出不來了，和以往的感覺有一點不同。怪怪的，好像是預料之中的事情，也好像是意外的災難。

王先生已經七十多歲，兒子開貿易公司，聽說平日還算孝順，早已不需要他做資源回收的工作。可是，他都做了幾十年了，過慣了這種風中來雨中去的生活，很難撼動他的意志。

每次住院回來，附近的人都會看見他拖著歪斜的身子，在那裡整理空紙箱，然後反覆發生中風，反覆進出醫院。他自嘲「多賺幾個零用錢，不必向孩子伸手，逍遙自在」。

我能體會那種想要自食其力的心情。可能也沒人知道，該勸他休息？還是勸他想做就做？

他的兒子幾乎和他翻臉，因為天冷，擔心意外，也捨不得老人家操勞。趁著他的四輪車妨礙交通被開單告發的機會，繳了罰款，順便半強迫式的把車子給賣了。

這是釜底抽薪的動作，斬斷了他收紙箱的機會。從那以後，既然連載貨的傢伙都沒了，我再也沒看過王先生在整理紙箱的身影。

一般說來，被晚輩孝順，應該是很幸福很值得開心的事吧？可我也擔心起他老人家從此沒有足夠的運動，沒有生活的目標，沒有快樂和希望，這樣的日子，真的是他想要的？也是他需要的嗎？我不明白。

王先生回不來了，不只不能工作，連拖著歪斜的身子走路都不能。這樣的消息聽在耳裡很「陰霾」。似乎沒人去注意，孝順也能變成隱形的「殺手」。

一個人沒有辛苦的做復健，形同一部老機器，關掉電源，丟到角落，宣告報廢。很多家庭都聽過類似的故事。可憐的老人，要讓他工作？還是讓他養老？沒人知道哪個才對？晚輩們最在乎的是，背負不起「不孝的罵名」，選擇讓老人家好命。而好命，有些Case說穿了只是在成全晚輩的顏面，讓悲劇開鑼上演而已。

世俗的好命，應該沒有一個準則。勞動是能動的好命？還是可憐的歹命？老先生的故事讓我重新思考人生的面貌，被稱好命時，可能是社交場合敷衍式的恭維；被說歹命時，可能是三姑六婆吃飽了沒事做的假正義。

真正的好不好命，最好還是要問過當事人的主觀感受比較接近事實。

這個社會充斥著世俗的審判、媒體的審判、無聊第三者的審判。審判者說完就算，不關他事。被審判的人卻要付出實質的代價。這也間接告訴我們，言語能殺人害人，慎言等同積德行善。

在職場裡，有人做得要死，卻甘之如飴，還說有工作很慶幸；有人插科打諢過日，每天打太極，數電線桿，還說工作太重。好不好命，不在工作多寡，不在責任輕重，只在於當事人有沒有「好命的心」。

我們不必把對手看成威脅者，不必把工作當作折磨，不必把員工當成包袱，不必把老闆當成壓迫者，不必把貸款當成恥辱，不必把失敗當作世界末日，不必把建議當成恥笑，不必把商量當成索討……

生活情境像是碗裡的八寶飯，慢嚼細嚥最香最甜。囫圇吞棗，邊罵邊吃梗了喉嚨最難受，也最容易嗆到眼淚直流。

對「樂觀主義者」和「可能主義者」來說，他們用態度來決定一切，包括他們的命運。

形式上的好命，有時讓人難以消受；形式上的安全，有時不能帶給人實質的保障。有樂趣的工作最讓人開心，被強迫的休閒讓人厭倦。

人生需要一股自發的動力，滿盈的熱情，去找到自己最合適的定位。那個定位不一定有光環，但一定有喜樂。

每天給自己按一個讚

雖是微小的幸福，我也可以用心去感受。我給自己按一個讚！

讚‧留言‧分享　1

「表裡一致」的人才

幾年前曾因朋友介紹，幫一家在對岸設廠的大企業面試一位日文專職人員。

那家公司會找我代勞，是因為之前他們錄取了一位自信滿滿的應徵者，卻因當時剛好在台臨時沒人能先測試一下他的日文應對能力，採取看學歷和信任應徵者，就給過關了，結果派任之後，才發現非常不適任，那位新人不久也就知難而退的離職了。

採日文面談，隨機問問題，我看的除了語言表達的熟悉度，還有對方的態度。老實說，我是臨時當差，對這個行業也是門外漢，至於應徵者也是跨行求職，但這都不構成問題。

用外國話交談，同樣能看出一個人對答時所流露出來的內涵、閱歷、表達方式……這些其實是很難作假的，從對方如何回答問話，大概就能找出一些端倪，不會差太遠。

我錄取的那一位當時對我坦白，他對跨行轉跑道的專業知識所知有限，但是「一理通，萬理達」，他會全力以赴，認真的學。

我錄取他之後，告訴該企業徵才的副總，這個人的日文表達能力，直覺還不錯，是可造之材，至於品德、性向等相關問題，還要請公司自行過濾。

一段時間之後，聽說這個人工作表現很傑出，如魚得水，已經晉升到很重要的幹部之職位，我也鬆了一口氣。那次辨識人才的經驗，讓我了解到：**「有人是自信遠遠超過能力；有人是自信大約等於能力；也有人是既沒自信也沒能力；最糟糕的是，有能力卻完全沒自信的人。」**

在職場上，經驗、實力、腦筋的靈活度，都能幫人產生自信，但過分謙虛的人，會給人沒自信的誤判，容易吃虧，很可惜。這個社會需要的是，有實力、有自信、而且「表裡一致」的人才。

我從花市買回一盆小花，從開兩朵到三朵四朵五朵，每個含苞待放的花蕾，好像約好了似的，陸陸續續的綻放開來。每天欣賞它，一週居然有很多的期待和驚喜。

生活也許該是這樣，自己創造一個生機、一些期待、一些讚美，還有一些疼惜。

找工作像期待花開一樣，需要機緣和灌溉。專挑好做的事不一定做得好；遇到不好做的事不一定做不好。

預設立場，有時會和期待相反。會做事的人，就會從不同的事情中發現相通的道理。

每天給自己按一個讚

傑出就是我能做魚幫水或水幫魚的事情，我會把壞棋下成好棋。我給自己按一個讚！

讚・留言・分享　1

從B咖到A咖

創造一個讓人刮目相看的特殊價值，才能將黯淡不利的處境向上拉升。

有一位B咖的節目主持人，在一次A咖的節目主持人生病住院期間，臨危授命，挑起大樑，擔任一線主持。結果，收視率居然超越了原本那位重金禮聘的A咖主持人，從此身價看漲。

有一班飛機在飛行途中，正駕駛突然心臟病發作猝死，副駕駛眼看一百多條人命的安危與生死，突然落在自己的手上。他仍異常鎮定，處置得宜，終於以純熟的駕駛技術讓飛機安全著陸，人機平安，贏得乘客們的歡呼和掌聲。

有一位在球隊裡等待機會，接連被兩個NBA球隊放棄的球員，原本出線機會渺茫，又被球隊下放到小聯盟。

這位球員每次出賽，都是在自己球隊大幅領先或落後時，只剩零碎時間才有機會輪到他上場，以便讓大牌的球員休息。就在球迷對他沒任何期待之下，他創造了連續七場勝利，成為全球媒體的焦點人物。

這位美國名校哈佛大學畢業，原本可以捧高薪的運動員，只因熱愛籃球，不惜沉潛努力，甘願坐冷板凳，居然時來運轉，大爆勝場，席捲全球球迷的目光。他就是紅遍全球的體育界媒體巨星，華裔「豪小子」林書豪。

沒有實力的僥倖，不能撐很久。經歷過憂患和低潮而沒有倒下去的人，才是真正剛強的人。人追求的，絕不是形式上的偉大，而是落實在看不見的那個部分，也就是心靈上的自由與工作上的實力。

每天給自己按一個讚

「有實力的人，才有運氣可言。」我累積了足夠的實力，自然有我揚眉吐氣的一天。我給自己按一個讚！

讚 · 留言 · 分享 1

拿回人生的主控權

有些事我們非學不可，有些夢我們非做不可。強烈的動機，一定會帶來強烈的鬥志。

全球第一位黑人女首富歐普拉，曾經有一段很想成功，卻苦無奧援的艱苦日子。但是，她的鬥志高昂，奮鬥過程感人。成功全無倖致。

她說過：「**所有的失敗都不叫失敗，『失敗』其實就是『經驗』**」。這一句話對所有深陷苦難中的人，真是一個強大的鼓舞。

從現在起，我們不需再畏懼失敗。該畏懼的是：沒有經驗，信心不足，能耐不夠。上天一定會看見每一個人的努力的。

美國心理學會主席塞利格曼博士（Martin Seligman）曾說：「**當一個人覺得不安全，沒有主控權的時候，就容易處於緊張的狀態，對事悲觀。**」

因此，想樂觀，第一要務是，拿回人生的主控權，不再任人擺佈。不再任人擺佈，包括不再任由環境擺佈。心態一樂觀，事情就會變得有希望起來。樂觀不一定是與生俱來的，樂觀其實是可以學習的。

以塞利格曼博士的觀點來閱讀歐普拉，我發現處在極惡劣環境的歐普拉，就是毫不畏懼，從拿回人生的主控權開始出發。歐普拉曾經是一個「資源很少」甚至「毫無資源」的弱勢者，靠著堅強的鬥志，越挫越勇，終於大翻身。

處順境難免意氣風發，容易跌倒；處逆境難免烏雲罩頂，容易分心。但只要保持正面的思考，相信優勢來自劣勢，就能拿回人生的主控權。

每天給自己按一個讚

我不在乎被打壓、被嘲笑、被欺負、被認定出身貧微，因為那些都不重要，重要的是我想成功。我給自己按一個讚！

讚 · 留言 · 分享 1

將情緒和事件分開處理

人生有很多事都是一體的兩面，有人會在熱鬧中覺得寂寞，有人會在歡樂中想到傷感，也有人在陰霾中想起歡樂的片段。人的感情是多面向的呢！

有位臉書的朋友說，她很容易在憂鬱的時候，紅了眼眶；另一位說，她會在雨中踽踽獨行，或是躲進雨裡哭，想自己看自己，覺得自己像雨中的小丑。

這是很特別的宣洩情緒的方式。我說：「挺住吧！憂鬱是需要努力抵抗的，悲傷的往事要成為人生的片段，讓他過去，不要蔓延到生命的全部。」

我以前也是那樣，現在我用禪定的念力解脫。人生苦短，多為自己好，不要和自己過不去，後面還有很多功課和長路。

有位臉書的朋友提問：「當你陷入困境時，你是怎麼對自己好呢？」

我告訴她：「對別人好比較容易，對自己好反而比較難，這是我過去的經驗。可是當我經歷了各種人生的滄桑之後，我對自己好的方式已歸納出了一個頭緒，就是把情緒和事件分開來處理。」

情緒往往是事件的絆腳石，當情緒和事件攪拌在一起的時候，我們很難冷靜的看清問題的「全貌」和「輕重緩急」以及「問題的後續發展」。我們可能會做最糟糕的反應。

結果事態擴大，情況膠著，心慌意亂。所以我訓練自己，情況越慘，越要出奇的冷靜。要傷心，留待事件解決以後再說。建立了這種「邏輯概念」之後，我好像得到了神助與重生的力量。

全球一動董事長何薇玲女士曾說：「**死豬不怕開水燙，一個人在退無可退時最有勇氣。**」

當人生走到「最壞、壞無可壞的時候」，你有什麼好擔心更糟的情況會出現？你只能含淚再起，只能重新整理你的情緒，告訴自己，哀莫大於心死，除了勇氣，你沒有別的了。

西方有一句話說：「失去了金錢，沒什麼損失，失去了健康，損失了一半，失去了希望，就什麼也沒有了。」

可見，懷抱希望、擁有健康，比什麼都重要。其他的，顯然都可以擺在後面一點的選項。

對自己好，我的方式是「把情緒和事件分開處理」、「即使最慘的時候，也要燃起希望」、「健康平安，就值得感恩、慶幸和知足了。」

生命裡面難免會有許多的無可奈何，我把這些無可奈何，當作這一生不可迴避的「事業」。

人生任何艱辛的經驗，都有它一定的意義和價值。把注意力投注在「自我療癒」和「自我救贖」的新事物之上，必然會有新的轉機（turning point）出現。

每天給自己按一個讚

在我遇到棘手的問題時，我會努力的將情緒和事件分開處理，盡量不讓情緒干擾我的判斷和應對。我給自己按一個讚！

讚・留言・分享　1

我要清清楚楚的記得你的好

日前有一位九十歲的老太太，知道自己來日無多，突發奇想的要他的兒子辦了幾桌「告別酒席」，召集至親好友共餐。

席間她和大家約定，當哪一天她的大限到了，悄悄離去的時候，大家都不可以哭，要歡歡喜喜的送她走，讓她走得一點牽掛都沒有。

接著，她又和每一個人一一的握手，笑著對他們說：「我現在可能是最後一次看見你了，我要清清楚楚的記得你的好，然後，永遠都記得你的樣子！」、「就算我不在了，希望你永遠都記得我在為你加油！」

有些感傷是我們想太多，以至於無法承受；有些傷痛，是我們沒有心理準備，無法想像會「豬羊變色」說發生就發生了。

深深的遺憾就是這樣，我們無法預知，無法掌控，乃至於無法承受那個劇變的打擊。我們能計畫的其實不多，計畫一直都趕不上變化。

有一回，在市場的馬路旁，一位老太太對我推銷一包包胡蘿蔔和馬鈴薯，她的態度誠懇有禮，一再的解釋說，根據營養師的說法，胡蘿蔔含×××，對身體的美容如何如何好，馬鈴薯含×××，對身體的健康如何如何好。一包僅十塊錢的東西，她能如何賣力的推銷，好像在賣什麼絕世珍品，絲毫不會去強調「一包才十塊錢」，果然吸引好多人購買，當下讓我對這位白髮蒼蒼的老太太的生活態度肅然起敬。

一個人願意拋頭露面，不嫌棄微薄收入，決心樂觀奮鬥，豈會沒事好做？我們對生命的態度，會影響我們的心情，也會影響我們的命運。前一位老太太對生死看得如此淡然，讓人不得不敬佩她的達觀與樂觀，後一位老太太對於人無貴賤，事無大小，全力以赴的態度，讓我想到台灣俚語中說的：「只要肯當牛，哪怕沒有牛犁拖。」「只要願意工作，哪怕沒有工作好做。」

生死淡然面對，生活全力以赴。這兩位老人的真實故事，給我開了眼界，也學到了安身立命的智慧。

美麗的花開了會凋謝；飛舞的彩蝶很快會變成折翼天使；人何嘗不是只能

過一個如朝露般的一生。無論富貴貧賤，無論健康病痛，每個人都需要溫暖的鼓舞，也需要昂然的意志。才不會在風來雨來的時候，忙亂失焦，忘了原本那種純粹的從容。

每天給自己按一個讚

我對不幸和痛苦有感受，可是我不怕它。我給自己按一個讚！

讚・留言・分享　1

對鏡子裡的自己說：「我愛你！」

企業聞人張忠謀先生，在一篇受訪的報導裡說：「**勤奮並不表示你喜歡那個工作。**」這句話很耐人尋味。

你勤奮也許只是為了多賺一點錢，想要改善生活；也可能想要證實一個有能力的你；甚至你可能為了賭一口氣，期待出人頭地。

努力的動機千百種，其中只有一種動機，就是你真正喜歡那個工作。你工作中的每一刻都在享受，你體會到了自我實現的成就感。你的勤奮是自發的，你愛那個工作愛得不得了。

有的工作，一開始我們不喜歡。因為陌生，挫折感大。等到克服障礙期，漸入佳境，我們有一些機率發現前所未有的驚喜，「啊哈，這才是我真正要的。」

有的人窮其一生都在「打石頭，換工資」，有的人「打石頭是為了雕一座心中的雕像」，有的人「打石頭，是想蓋一幢夢想中的宮殿」。

也許，人生的結果普普，談不上任何輝煌，無法讓人驚艷。也許，我們在重複的懊悔中老去。

不過，能不嘲笑自己，堅定的，勤奮的走下去，享受那個過程的美好，我們也算真正的認識了自己，疼愛了自己吧！

一再的虧待自己，為五斗米折腰，就算收入大包一點，我們還是可能錯過其它的東西，譬如說：理想、健康、親情、情感與機會。

我正在做我打從心裡很喜歡的工作，雖然待遇普通，角色卑微，沒有人注意到我的重要性，但是，我不會覺得委屈。因為我有我的理想，我要以現在的付出，一點一滴的建構起我的未來。

有一句話說：「認真的身影最美麗。」人為什麼會認真？是因為看見了自己的成績在進步。

小成績可以累積成大成績，小成就可以累積成大成就。假設你每天運動，發現自己腰圍小了，精神好了，疼痛沒了，身材變好了，你看見了你的成績，你持續運動的動機自然就會出來了。

勤奮是人生所必須，無頭蒼蠅般的勤奮則大可不必。我要立即脫下面具，對著鏡子裡的自己說：「我愛你！」

每天給自己按一個讚

勤奮並不表示我喜歡這個工作，但我的勤奮是自發的，我愛這個工作愛得不得了。我給自己按一個讚！

讚・留言・分享　1

我是「餐桌前的國王」

以前念書或當兵時，對於吃，印象中總覺得「吃飽了事」，不曾要求視覺、聽覺、氣氛，或是其它色香味的搭配。

會這麼想的理由有兩個，一個是有得填飽肚子就該謝天謝地了；另一個是吃飽了就要趕快幹活去，哪有時間或心情放在餐桌上蘑菇？

出了社會，進了外商，年歲漸長，後來又在國外住了一段時間，才體會了歐洲人「慢活」的理論，生活狀況和心態不自覺的跟著那樣的氛圍改變，也逐漸明白，匆匆忙忙的人生，既不優雅也不健康。

人生苦短，為什麼我們一定要在趕場、趕路、趕工作中過日子，然後咀嚼不夠，消化不良，思緒紊亂，忙中有錯誤，忙中有錯過，忙中有遺憾呢？急急忙忙的生活，真的能讓我們因此而更幸福、更快樂或更成功嗎？

忙碌的生活品質是粗糙的，忙碌的生活心情是壓縮的，忙碌是因為「自己不給自己悠閒的心情」，「不給自己充裕的時間」，是迷失、是過控、不夠愛自己。我開始對「時間」有了不同的解讀：

「我們該駕馭時間，支配時間，享受時間，而不是被時間逼著前進，像羊群中被趕著往前跑的羊。我們要看沿路的風景，不要一心想到達某個地方。」

有一回，我在一家氣氛不錯的餐廳用餐，看見鄰桌有一個人默默的在進餐，他沒有朋友陪伴，沒人說話，從頭到尾都像「餐桌前的國王」那麼從容優雅，直到付帳離去。我這時才明白，一個人的時候，仍然可以讓自己很豐盛、很斯文、很浪漫。

每天給自己按一個讚

生活有品質，人生就會有意義。我可以不在乎物質的好壞，只因我始終都能保持平靜。我給自己按一個讚！

讚・留言・分享 1

Humble

第2大讚

找出活路，留下退路。

我能進退自如，我給自己按一個讚！

找到自己被利用的價值

在日本旅行的時候，經過幾處工程施工的路段，遠遠就看見有「塑膠做的假人」在來回揮動著旗子，要來往的車輛改道，小心慢行。

工人烈日下曬一整天的景象，在台灣也常常看見。心想，要是真的由人去擔任這個工作，幾個小時曬下來，不中暑也難。能想出以假人代替真人，既省人力，又有創意。

意外的是，當車子靠近施工地點時，我看見的「假人」，竟然是「活生生的真人」，而且是一位有些年紀的長者。還好的是，這時天氣沒那麼熱，應該不會有中暑的疑慮吧！

我好奇的是，這麼簡單，放個電動假人就行的事情，為什麼要由真人來做？

問身邊的日本友人怎麼一回事？他說，他在報紙上看過，他們的政府為了讓失業的中老年人有工作做，可以養家活口，有生活的尊嚴，善用他們對工作的敬業態度，就鼓勵廠商，「創造了這樣的工作機會」。

這的確是個很有創意的想法。相較於工程多一點人力費用的支出，和多一個工作機會少一個失業家庭，日本政府果然用心良苦！

我不由得想到，很多工作，當機器能代替人力之後，社會到底是真的變進步了呢？還是因為失業人口增加，遊民變多，治安變差，政府負擔加重，結果反而倒退？

有一次，遇到一位待業的長者抱怨說：「失去工作，不只失去了收入，也失去了做人的尊嚴，人家只會嘲笑你年輕時不夠努力、存的錢不夠多、能力太差、與社會脫節……誰還會想到，機會不會全然公平的對待每一個有能力的人。」

我很能體會這位長者飽受「年齡歧視」的委屈。他不是想要頤養天年，不是想要逃避責任，他只在企求一份卑微的工作機會，錯不在他，也許在於懷才不遇，緣分未到。

我們對長者的同情，是因為我們看見了自己的未來，知道有朝一日我們也可能變成那樣。每次看見長者很努力的做復健、很努力的帶孫子、很努力的到社區大學進修、很努力的在公園運動、很努力的上市場買菜、或者很努力的做一些幫子女的事情，甚至二度就業，貼補家計，都會打從心裡升起一股莫名的敬意，很想說：「勇哉此心！」

人都會老，都可能被遺忘。老來卑微不怎麼可怕，可怕的是初老就自我放棄。

朋友問我，為什麼有些人很容易被年紀打敗，有些人就沒有這個問題，無論年紀多大，機會都有他的一分？

我說：「撇開體力或健康狀態來說，最大的差別就在於「人有沒有與時俱進的心情和努力吧！一個人會電腦沒有什麼了不起，不過如果年紀大了就放棄電腦，或是和社會脫節，不能適應新的趨勢或新的流程，跟不上團體的腳步，就算有職缺，也不敢去做。」

每一個人都要找到自己被利用的價值，如果不具備被利用的價值，就很難找到自己生存的方式。這和年紀一點關係也沒有，和機會也沒有絕對的關係。

每一個人都是我們的一面鏡子，鏡子會呈現一些道理。某君能言善道，說話有條理，舉例很感人，待業很久都找不到工作，有一回去應徵一個以演說為主的工作，居然表現得很好，很被器重。

某人很好動，做什麼事情都坐不住，後來去學游泳，學得很有心得，居然考取了救生員的執照，接著去當游泳教練，從此脫離待業族。

某人應徵外務工作失利，只因沒有汽車駕照，後來去考駕照時，發現自己不壓線的工夫很了得，就毛遂自薦要當汽車教練場的指導員，老闆識才，這位中文系畢業的大學生，一做指導員就是十幾年。

找工作常常是有心栽花花不開，無心植柳柳成蔭。機會和能力成正比，和人緣成正比，和有沒發現自己被利用的價值成正比。

每天給自己按一個讚

發現自己，就能發現機會。我給自己按一個讚！

讚．留言．分享　1

年輕與初老

早已過了偶像劇裡說的「初老」這個年齡，好像注定感受會跟著改變。逆來順受、忍著忍著、沉默觀望、再等等看……這樣的反應，著實連自己都不敢相信。心底有一個聲音說：

「這是初老的我嗎？這怎麼會是我？我怎麼可以變成這樣？」

對照年輕時的想法，就算不是意氣風發，至少也滿懷理想，有很多的盼望。無論心理、生理、觀點，從來不會這樣輕易的開門讓「屈服、妥協、遷就」的精靈闖進來。包括漂洋過海去自助旅行、去念書、逃開辦公室去從事有興趣的工作……

那時的我不妥協、不設限、不知道害怕，膽子就來了，熱情也來了，我做了很多我以為環境不允許、自己做不到的事情。我慶幸自己當時沒有想太多。

深切反省，現在自己是不是越想越多？失去了單純的能力？是不是勇氣少了，進入倒退期？是不是用一些理由來掩飾不積極？

生了一場不大不小的病之後，我好像被狠狠的揮了一拳，真是始料未及。我終於臣服在健康出包的淫威之下，我告訴自己：「你已經不再年輕，你不能拿年輕時的標準來過日子。」、「生病就不能裝做沒病，累了就不能裝做精神很好。生病就看醫生，累了就休息。」

耐心的在台灣最負盛名的大醫院，做了「大張旗鼓」、「前所未有」的詳細檢查，醫生看著我的檢查報告，一一的對我解釋說，這沒問題那沒問題，也叮嚀這囑咐那的。既然都沒問題，也不知道哪裡撞了邪，就是胃部不舒服。

血液抽了、超音波做了、心電圖、X光也沒少、生活起居與飲食都調整了，但不舒服就是不舒服。醫生說沒事，身體說有事，不舒服的事實勝過雄辯。

朋友問我是否壓力太大？有什麼煩惱？近期有壞的遭遇嗎？還是純粹身體老化？我都說不上來。要有，恐怕是幾個月前家母過世，奔波了一陣子，作息整個被翻轉過來，生理時鐘不能照表操課，心情無法放鬆、精神不濟。

我一直告訴自己，這只是短期現象，不必慌張。我的內心有兩個聲音，一個是「對警訊不能大意」，另一個是「大不了一死」的拔河，我不確定應該聽哪一個？我懷疑是不是很多人和我一樣，對自己的身體狀況如此懵懂？

沒問題的問題更大，這是我的初體會，也是初煩心。

我明白過度的焦慮絕不是一件好事，放著不管也不成。有人說：「生病就是要你休息。」也有人說：「逞強有逞強的報應。」還有人說：「認真的人過勞死的機率最高。」一位作氣功的朋友則說：「生病是氣堵、氣濁、氣虛，不然就是長了什麼怪東西。」

總之，生病一定有生病的道理，你問一百個人可能會有一百個答案。

我開始學習用更多的時間來獨處，從外部觀看自己，放掉一些生活瑣事，不再投入過多的競爭和消耗，力求靜下來、穩下來、鬆弛下來。

什麼是年輕的心情？尋求刺激，倍速前進，絕不妥協。

何謂初老的心情？動中取靜，順勢而為；不得躁進，不求聞達；健康至上，不逆於天。

年輕時要有年輕的樣子，就是朝氣和拼勁；初老時要有初老的樣子，就是達觀和沉穩。年輕不能裝老，初老也不必裝年輕。

年輕的好處是天不怕地不怕，有強烈的冒險精神；年老的好處是敬天又畏地，有圓熟的思考力和忍耐精神。

不同的年齡，有相同的人生功課，一是謙沖自牧，二是歷事練心。在優勢中明白優勢不會一直存在，在劣勢中明白劣勢不會永難扭轉。

年輕時有機會去留學，若考慮太多而作罷，老來圓夢的難度勢必會更高。時機點就是機會點，也是命運轉折點。我們都沒有後悔的權利，也沒有懊惱的必要。面對問題，就去逼視問題，解決問題。

每天給自己按一個讚

人生猶如棋局，風雲詭譎，起手無回大丈夫，棋中不語真君子。我給自己按一個讚！

讚・留言・分享 1

人生有兩個機會

有一位參加歌唱比賽的女生，表現非常優異，得了極高的分數。她在接受訪問時透露說，之前參賽，曾經有一首歌曲，自己練唱了一百多遍才上場，沒想到居然太緊張、求好心切，當場忘詞，讓她很難過到對自己沒有信心。

可是，後來改變心情，想像自己愛唱歌，慶幸有機會唱給大家聽，輸贏不是最重要的事情，反而沒有太多的壓力，整個人都輕鬆了起來。同樣練習了一百多次才上場時，竟然出乎預料的得到很高的分數，受到評審大大的讚美。

緊張會壞事，這是大家都知道的道理；但是要不緊張，卻很難辦到。凡事除了努力，還要克服焦慮的心態，才不會失常。

《彌陀經》裡提到，眾生只要做到心不顛倒，自然能產生如來智慧。

所謂心不顛倒就是不要有雜念，不要有妄想，不要有恐懼，不必在乎得失。只要不去想太多，就不會自尋苦惱。

患得患失，自慚形穢，不相信自己可以辦得到，都是一種削弱自己的負面魔咒。

有一位臉書的朋友說，因被家庭拖累，耽誤了婚姻，心情低落，始終無法振作起來。

在一個偶然的機會，領會到這樣鬱鬱寡歡下去，人緣只會更糟，因緣只會更難，誰會喜歡和一個不快樂、哀怨，心神顛倒的人做朋友？

這一覺醒，決定徹底改變自己，從開朗愉悅面帶微笑出發，從改變自己的造型氣度著手，從親和熱情禮貌著力，轉個念，變個人，終於有了不可思議的神奇轉機和好運。

人生有兩個機會，一個是慢慢轉變，一個是即時頓悟。

如果機會沒來，就自己去創造機會。如過機會跑掉了，就想想看現在還有沒有別的機會。如果現在沒有機會，那明天，明年，後年呢？如果自己沒有機會，可不可以幫別人創造一個機會？

機會是什麼？機會是慧心，是眼力，是覺悟，是該把握或該放掉的瞬間。

樂觀的人沒有不樂觀的理由，不樂觀的人沒有樂觀的理由。是習氣，也是宿命。

每天給自己按一個讚

世界上沒有絕望的處境，只有對處境絕望的人。我給自己按一個讚！

讚・留言・分享 1

相逢不易，感謝曾經有緣

和一位女同事聊天，問她週末母親節是否要回南部去看家人，她說為了避開假期人潮，辛苦的和別人搶訂車票，提前一個星期就回去看媽媽了。我說這個先見之明還不錯。

她順便告訴我，這次回去的感覺很不一樣。問她有何不一樣？她說，以前每次回去，她的阿公事先知道，都會坐在院子裡的長板凳等她，可是去年底阿公走了。

今年回去，第一次看不見阿公坐在那裡等待的身影，突然覺得很不習慣，很心酸。為了不讓家人傷心，只好假裝沒事，不敢說太多。

花無百日紅，人無千日好，所有的人老了都有回去的一天。這一天不管是什麼時候到來，都會讓人很不捨。

畢竟，每個人為了上班、學業、事業、任何原因出外打拚，都需要暫別家人。有時爆忙，不是少回家，就是少問候，見面的機會少得十隻手指頭都數得出來，一旦重逢，不免會覺得聚散匆匆，或是長輩怎麼突然老了那麼多。

最難過的是，有的人和長輩分手的時候，約定好「下一次見面時再說」或「下一次回來的時候要一起去哪裡玩」，結果呢？「下一次」卻說飛就飛，永遠的飛走了，見面成為今生的夢想，也成了永遠的奢望。

一個人在外工作學習，廝殺掙錢逐夢，難免顧此失彼，等待落空，留下種種遺憾。乍然回頭，好多事情早已豬羊變色，無語問天，幾乎不敢相信那是事實。為了不留下追悔，能兼顧的事情只能盡量兼顧，不能兼顧的，也只好以隨緣認命的心情去面對了。

生命是一場競逐，一趟旅行，一回修行，一趟盛會，也是一次蠟燭燃燒的過程。

無論緣分分分合合，悲悲喜喜，或是境遇的好壞，成就的高低，我們都該慶幸來此一生，而且曾經有緣……

很多事情不是得到，就是學到。不是命運改變我們，而是我們改變命運。

人碰到挫折時，沒有什麼比心態更重要了。有人把挫折當作「難免的過程」和「寶貴的經驗」，絕不認為是天崩地裂的「世界末日」。

一位作家就說：「**我知道花一定會凋謝，我不會用哭泣的心情來看待它的凋謝，反而要以欣賞的心情，來看待這凋謝的過程之美。**」

這話拿來比喻人的成長過程，也有幾分相似。

過程比結果重要，好的過程，就是好的收穫。男女交往也一樣，「**兩情若是長久時，又豈在朝朝暮暮？**」世間最寶貴的永恆就是綿延如縷的回憶。

每天給自己按一個讚

惜緣惜福，珍惜當下，想必是最好的對策。我給自己按一個讚！

讚・留言・分享　1

穩穩的走過搖晃的吊橋

朋友老愛嘲諷自己，說他犯賤，喜歡把自己弄得精疲力盡，人仰馬翻，才會覺得生活過得很踏實，沒有罪惡感，對得起「自己的將來」。

我提醒他，蠟燭不能這樣燒，他立刻反駁我說：「那是你，我沒有你的條件，我必須認命。」

我笑著回他：「不是這樣，努力可以，賣命則大可不必。誰的生命都只有一個，年輕也只有一次，如果工作一直都讓人無法喘息，那不是應有的常態，而是一種病態，病態當成常態，你覺得你能維持多久？」

以前，我也和他一樣，以為大家休息的時候「我沒有條件休息，一旦休息，就輸人家，和人家的距離越拉越遠」。

後來我才知道：「自由是需要勇氣的」，你要有認同自己擁有自由生活的勇氣，才能消除心裡面對「常態」惴惴不安的「自虐思考」。

人的一生就像走在吊橋之上，你不搖晃它搖晃，它搖晃時你不得不跟著搖晃。既然，搖晃是一定會發生的事情，我們為什麼一定要死命的強求「讓吊橋不搖晃」？

搖晃的吊橋，如果拿來比喻生活，我們「把自己弄得精疲力盡，人仰馬翻，才會覺得生活過得很踏實」的念頭，無非就是拼著命「讓吊橋不要搖晃」，然後，一生都在搖晃中，期待一個「不可能的安定感」。

如果你的安定感建立在搖晃之中，你會忽然覺得，搖晃中也有它的平衡感。這種感覺其實就是安定感。若問平衡感是什麼？平衡感是主觀的感覺而不是客觀的事實。

回想一下，搭飛機的時候，你可曾有過安定感？沒有。但你還是安全著陸，因為你預期飛機會在大氣的浮力下安然飛抵你的目的地，所以，你沒有安定感，只有隱約的安全感，支持你的信念參與飛行。

心理學上有一個叫「瓦倫達效應」的名詞。話說瓦倫達是個高空走鋼索非常有名的特技專家。有一天，他在演出之前，突然對他的太太說：「這次的演出很重要，可是我有一點擔心到時候會不會失手？」

他的太太安慰他說：「不會的，你的經驗這麼豐富，放心啦！」

結果呢？果然他失手喪生了，而那一次，竟然就是他這一生最後一次的表演。後來的人就把「患得患失」、「信心鬆動」的心態稱為「瓦倫達效應」。大意是：「一旦你的信心崩解，你的行動就容易發生意外」。

因此，我們或許也可以這樣說：「心理的平衡，支撐著身體的平衡」、「越是擔心失常，失常的機率越高」。

自殘式的生活，表面上看似另一種的上進，骨子裡等於在開自殺飛機，非要耗盡油料，非要強風惡天飛行，非要狂飆衝向目標。

我不知道那個朋友後來有沒有學會「平常心」？我希望他能體會到，心念主宰人的生活，不自由的心念，只會把人困在一種忙碌的儀式裡。

這是個忙碌的時代，你可能打開信箱，發現有幾百封E-mail要處理，有的是打驚嘆號的急件，有的是寄給你的副本，有的是來哈拉問候的，也有的是要你加入他們的傳銷陣容，要你去聽演講，通知你去繳費……你必須在很短的時間內變成三頭六臂，應付四面八方湧進的事情。

你出門可能要繞好多地方，一趟路同時要辦好幾件事。於是飆速變成你的生活型態或是生活習慣。你失去了決定自己生活步調的權利。

如何從紛亂的生活中找回有條不紊的平衡感，當快則快，該慢則慢，變成現代人不能不認真思考的問題。

每天給自己按一個讚

追求從容生活，尋求空間與自主。我堅信山不轉路轉，路不轉人轉，人不轉心轉。我給自己按一個讚！

讚・留言・分享 1

隨時找個支持自己的好理由

一位演說家說：「別人成功而你沒有成功，不代表別人比你聰明，只代表別人做對了什麼；而你儘管沒做錯什麼，卻也沒做對了什麼。」

做對了才會成功，這種說法，也許讓我們有些不服氣，但事實很可能就是這樣。

成功者一定會做對一些事情，他做了我們想到卻沒去做的；我們沒想到也沒去做的；我們想到也去做了但是半途而廢的；還有，我們想到也做了但是時間不對、對象不對、方法不對、用人不對、規模不對、準備不夠等等。

成功者和我們的想法不一樣，他們有時像傻瓜，有時像瘋子。他們懷疑木炭為什麼黑，猜想人也許可以到別的星球生活。

與其看失敗者怎麼失敗的，不如看成功者怎麼成功的。

常聽人說：「成功不能複製」，但是也有人複製成功者而成功的。也有人獨創一種方法而成功的；另外還有人出奇招，逆勢操作而成功的。

其實是信念讓成功者看不見困難，或者看見了也不怕。

信念的好壞有時候要經過一段時間的印證，才有定論。如果一個人年紀輕怕人家嫌年輕，年紀大怕人家嫌年紀大，那要幾歲才不怕別人嫌呢？

怕人嫌，除了準備不夠、信心不夠、太心虛、太膽小，恐怕沒有太多別的理由。

如果你年輕，要相信「年輕就是力量」，如果你年紀大，要相信「年紀大經驗多」。你隨時要找一個支持你自己的好理由，這理由也許是相信你的能力，相信你經驗、相信你的智慧、相信你有奧援、相信你的判斷……你要不斷的重複你的念力，告訴自己你辦得到。

法國人曾經做過一項研究，結果發現，能將失敗視為學習中必然經驗的小學生，比較容易在學業上有好的表現。

原因是他們的腦子裡，已經先被告知，學習本身就有困難，不是你的能力有問題。可見看待「失敗」的心態，會影響腦部的直覺，進而影響結果和效率。

過去不等於未來，會發生在別人身上的事情，不一定會發生在你的身上。努力一下就放棄的人是不會成功的，成功的人一定是努力再努力，打死不退，嘲笑不怕，永遠都在盡心盡力，不怎麼喊累的那一位。

心有多大，世界就有多大；格局有多大，包容暫時失敗的氣度就有多大。我們看見陽光普照固然很高興，看見細雨綿綿也要很開心。欣賞是角度的問題，無論好的事情或是壞的事情，都是上天賜給我們最好的寶藏。

人生很像開車，有平坦的路，也有崎嶇的路，有懸崖，也有峭壁。要穩穩的掌握住方向盤，學會好天氣怎麼開，也要學會壞天氣怎麼開。

每天給自己按一個讚

細數幸運，不要細數煩惱。我相信「年輕就是力量」，也相信「年紀大經驗多」。我給自己按一個讚！

讚・留言・分享　1

別人不能小看你的潛力

這個世界到處都有所謂的「評審」存在，他們扮演品頭論足的角色，有的是學有專精，見過世面的真專業，評論起來深入客觀又富有建設性。

但也有人是半桶水的假專業，說話避重就輕，沒有內容，拉抬自己，貶低別人，字裡行間充滿著攻擊意涵或毒舌性的侮辱。

前者是我們所尊敬的「專業評審」，後者是我們所不齒的「豬頭評審」。

在比賽的場合，評審理所當然的出現在那裡。在生活的場合，你的身邊也會無預期的出現一些評審。

如果，你遇到了專業評審，你的人生加分，萬一遇到豬頭評審，你就要稍有戒心，防止你的「價值觀」和「人生目標」受到對方的污染或無情的扭曲。

我們知道，冰山浮出水面的部分，大概只占它全體的百分之五而已，一般人呈現出來的能力，就像冰山一樣，也是只顯現出百分之五，最多，像是天才級的人也不過是顯現出五成。

可見，每個人的能力都不能小看，特別是當你遇到了「豬頭評審」，萬一他說你：「不行，沒希望。」請相信你自己的「潛能」，不要輕信不懷善意的閒話。你知道有哪些潛力還在「冰山未浮出水面的部分」呢？

一、領導力的潛能

世界上多數人是服從者，少數人才是領導者。有些領導者的機會是爭取來的，有些是天上掉下來的。像古代的君王，有的是赤手空拳打出天下，有的是生在帝王將相之家世襲傳承。

現代的企業家也有這兩種不同的權力來源。領導力雖有天賦好壞之分，後天的磨練也很重要。每個人都有領導力的潛能，關鍵在於有沒有機會磨練，有沒有被開發出來。

二、時間的潛能

每人每天都有二十四小時的時間，扣除吃飯、睡覺、工作和必要的休息，其它的時間，每個人利用的方式都不一樣。

真正會利用時間的人，扣除必要的休息，不一定會不眠不休的工作，但一定會把握時間的機會點，讓自己一寸一寸的向前推進。你還有未浮出水面卻可以善加利用的時間嗎？還是你用在休息和思考的時間太少？

專家相信，每人每天有效利用十個小時就夠了，過度犧牲睡眠而去工作或讀書，反而是愚笨的生活方式。

三、精力的潛能

光有時間沒有精力，仍然無法發揮個人的潛能。事情有輕重緩急，極重要、次重要、重要、不重要、可有可無，我們不可能對所有的事情都「馬力全開」，只能把精力放在適當的位置。

你看拳擊比賽就知道，有的選手一上場，就開始誘使對方一點一滴的消耗精力，然後在對方體力不濟時閃電一擊，出拳打倒對方。

可見，精力必須放在刀口上，才容易成功。你還有多少精力的潛能還沒利用？

四、想像力的潛能

個人潛能中，最重要的一項就是想像力，它的連動是創造力，前者天馬行空的發明，無中生有；後者從現有的東西中加以重新排列組合，改變它們的意義或功能，創造出新的意義或功能。

無論好的、壞的、荒謬的、可行的、不可行的、傳統的、叛逆的、目前做不到的、將來可能做到的……各種靈感，都蘊藏著想像力利用的潛能。

盡量用筆記本記下來，反覆推敲，有時說不定能發展出驚人的創意。

五、動機的潛能

動機如果停留在動機，沒有進入行動的階段，就會錯失成功的機會。

有人說：「成功的人找原因，失敗的人找藉口」。對於一開始就設定做不到的事情，最後通常做不到。我們有很多的動機還沒被激發出來。

例如你出了國，發現英文程度有問題，就會找到學習英文的動機；你發現有人看扁你，就會有我一定要讓對方知道我有能力的動機；你想參加攝影比賽，你就會有動機去多看一些攝影展或看幾本攝影技巧的書。

六、學習力的潛能

有的人天生理解、判斷、記憶力強，有的人則是靠不斷的學習和努力，使自己具備異於常人的能力。

我們感興趣的事情，通常記得比較清楚，沒興趣的事情就比較模糊。想開發學習力的潛能，最好從培養興趣開始著手。有的人看起來博學多聞，是因為提前起步或偷跑。有的人後來居上，是因為發現了更好的學習方法。

七、決斷力的潛能

決斷力分「OK」、「NO」、「再考慮一下」三種。

優柔寡斷的人，比較不希望在「OK」或「NO」之中做一抉擇，而傾向「再考慮一下」。明快的人總能搶得先機或全身而退。一般人的決斷力有極大的部份還沒有被開發出來，以致於不敢下決定。

你的身旁有一堆對你指指點點，說三道四的「豬頭評審」嗎？無論你做什麼，在他們看來都是幼稚可笑的嗎？如有人潑冷水使你信心動搖，熱情銳減，請重新思考，你有沒有跟著對方的魔棒起舞。

英國的前任首相邱吉爾，原先被誤以為是一個智能不足的人。據說因為他發揮了百分之八十的潛能，所以改變了他的命運，成為第二次世界大戰中舉足輕重的大人物。

人人都有潛力，有的人有為他人創造喜悅的潛力、有的人有從失敗中獲益的潛力、有的人有克服憂慮高度抗壓的潛力、有的人有預留退路的潛力、有的人有創造奇蹟的潛力。

不放棄自己的人，沒有人能放棄他。無論你有什麼潛力，請善用你的潛力吧！

每天給自己按一個讚

生命是一條險惡的峽谷，只有勇敢的人才能通過。我給自己按一個讚！

讚・留言・分享 1

狠角色最後都變孤鳥

社會上有一種人被視為「狠角色」。

狠角色意味著能力好，出手重，招式多，會算計，不可得罪，看起來好像是很多人可以倚賴的重要人物。

可是，從另一方面來看，一個人太厲害極可能沒有朋友；一個年輕人太厲害會找不到對象；一個上班族太厲害會招人畏懼，人人想要和他保持距離；一個政治人物太厲害會眾叛親離……

在社會上，狠角色可能幫老闆賺很多錢、充當打手到處得罪人、犯眾怒，在老闆的眼裡，是個扮黑臉的忠臣，在同事或團隊的眼裡卻是個諂媚者，附庸，可憐蟲。

可憐蟲功高震主，狠角色外強中乾，有時搞恐怖平衡，有時狐假虎威犧牲眾人，成全自己吃香喝辣。

成熟、親和、誠懇、包容、給人留些餘地、大公無私的性格，敵人少，貴人多，路可以走得長又遠。狠角色雖然狠，後面一堆人想要看他的笑話，想等他的報應。

狠角色沒朋友，身邊只剩利害關係人，他們很緊張、很孤獨、很累、很沒品，變孤鳥是他的宿命。只要看看獅子、老虎、狐狸、猛禽的處境，你就不難明白「狠角色」的下場。

人生最大的災難是無知，無知的人，就算是狠角色也不可深交。因為你不知道他何時要狠，而且對象竟然是你。

狠角色看似很性格，很狗腿，很想接近你，和你發展出一種挺你的氛圍，暗地裡極可能捅你一刀，像是洪水猛獸一樣可怕。

我不接近狠角色，也不當狠角色，我當笨咖，你呢？

這個社會總有一些人像禿鷹猛禽，喜歡扮演狠角色。這種人不夠誠信，愛耍心機，樹敵不少，像過街老鼠一樣惹人厭。

一個公司裡的狠角色，被人害怕而不是被人尊敬。一個團體裡的狠角色，隨時會做出不利別人、出賣別人的事情。

狠角色不一定能力強，但城府一定深，算計也不少。這種人的特色是沒有自信，善妒，少了好心腸。

做人莫做人中禿鷹猛禽，要做韓非子所服膺的「巧詐不如拙誠」的人，才能可長可久。

每天給自己按一個讚

我不接近狠角色，也不當狠角色，我當笨咖，我給自己按一個讚！

讚・留言・分享　1

有自信的疤痕美女

有一個週末，我特地去探望親人，回程時，搭客運回台北，剛好有幾個空位，我就坐在車子中段的位子。

途中，幾位男女乘客上車，我瞥見一位少女的右小腿有一塊大約是一個手掌大小的疤痕，相當明顯。依經驗猜測，應該是曾被滾燙的熱水什麼的，嚴重灼燙傷所留下的痕跡吧！

通常，不論男女，碰到這種情形，都會想辦法做植皮美容手術或盡量穿長褲遮掩。不過，這位美女並沒有這麼做，照樣穿著她那漂亮的洋裝搭配著公主般的短裙，露出兩條明顯卻極端不搭襯的小腿，對照她臉上燦然的笑容，我突然覺得她美麗得相當自然，洋溢著自信。

這個世界充滿著人工的美麗，你可能會看見人工美的假鼻子、人工美的雙眼皮、臉龐、胴體；走在路上，你可以看見修剪得人工美的矮樹叢，人工美的裝潢，人工美的髮型，還有人工美的水泥牆……

雖然，你可能在剎那之間有驚艷的錯覺，經過十秒，你可能又會覺得少了一點什麼？或許是少了自然、靈氣與不可言宣的生命感吧！

總之，美得失真，有些走味。

人要不受制於眼睛所見，實在有些困難。外表異狀，常讓人耿耿於懷，以為那是缺陷，屈辱，不受歡迎的印記。加上現在有太多媒體強力放送，只要肯花錢，就有人能幫你「妙手回春」，使醜小鴨變天鵝，灰姑娘變成林志玲，幫你找回自信。

但這句話的反面好像說，如果你不花錢修補自己，你是無法找回自信的。事實果真這樣嗎？這兩者之間有這麼必然的連帶關係嗎？

有人修理了眼睛的雙眼皮，還是要去削骨，之後還要去做這做那的，無有寧日的改造身上所有自以為缺陷的部分。慾望在膨脹，自信在縮水，苦惱在啃噬。就像馬路上的坑坑洞洞，一輩子都修不平。等有形的修補得差不多了，還有很多無形的自卑感依舊是坑坑疤疤。

有人終其一生都在做「修修補補」的努力，可惜修補的只是一層外在的「表皮」。一個原本就美美的人，無奈因為缺乏自信，徒然讓那些商業操控的美容家賺進大把鈔票。一方願打一方願挨。

難怪有人說：「人有恐懼，就有商機。」有人拿恐懼來置入性行銷，你有權不理會那個催眠行銷。

疤痕美女是什麼原因才沒有去做整形美容？因為經濟的考量？還是因為她毫不在乎別人的眼神？不得而知。

不過，她能照樣不選擇長褲而選擇短裙洋裝，足以顯示，她至少已經能克服心理的障礙，坦然面對這既有的事實，值得喝采。

人心之所以不自由，多半是因為思考被「浮誇虛榮」、「世俗論調」、「商業鼓吹」、「別人眼神」給綁架了。不由自主的去在乎外表，恐怕是根源於我們過於社會化，誤信那些「修修補補」人工美的功能。根深柢固的相信這樣做，可以建構自己在社會上的某種定位吧！想追求內心的自由與平靜，我們要拒絕虛妄的綑綁。

有位作家買了一個雕塑回家，他說：「奇怪，無論怎麼看都覺得缺少了什麼。直到有一天，不小心將這件藝術品掉到地上，摔壞了一個角，才赫然發現，缺了一個角的雕塑，竟然越看越美」，我知道他的這種說法在表達什麼？缺陷的美，有時勝過不真實的美。

缺陷美蘊藏著一種自然的風韻，有靈魂的美，耐看的美。那些心靈有缺陷的人，無論如何想盡辦法遮掩，終究遮掩不了缺陷的真相。既然，人本來就無法十全十美，我們又何須苦苦強求，極力遮掩，弄得心中不得解脫？

對於那位上了車又下了車的「疤痕美女」，我心裡很想說：「加油！妳的自信讓你更美！」。

每天給自己按一個讚

缺陷的美，有時勝過不真實的美，因為自信能讓我更美。我給自己按一個讚！

讚・留言・分享　1

我要勇敢的愛與被愛

出外散步的時候，我認識了很多人，雖然親疏有別，有的知道他的姓名、工作、住哪一條巷子，有的則是單純的點頭寒暄，其他一片空白。

不過，經常碰面的人，也可以點滴交談，一回生兩回熟，這在台北這個向來被諷為「自掃門前雪」的都會區來說，已經顯得很不容易了。

比如說，我認識一位年輕人，娶妻生子，移民加拿大之後，他們的爸媽跟去那裡住了好幾年，現在回來定居。這一對老夫婦每天早上都用小菜籃車推著泳衣和盥洗用具，到附近的東門游泳池去游泳。他們戲稱自己老了沒用，游泳是自力救濟，不然老得更快。

看他們白髮蒼蒼，步履蹣跚，兒孫全不在身邊，背影有點蒼涼，我不禁感嘆他們當年把孩子拉拔長大，給好教育，翅膀硬了，飛遠了，到頭來只能兩地相思，各過各的生活。

這對夫婦說：「人老病多，在國外看病很貴，語言溝通有障礙，連跟醫生說明病情都常常『雞同鴨講』，如果樣樣都靠年輕人幫忙也不是辦法，在那裡，表面上生活悠閒，實際上單調得快發瘋，加上冬天冷得老命難擋，哪受得了，乾脆落葉歸根……」

又比如說，一對九十好幾的老夫婦，住我家對面，連出門都快成問題。有時遇到，他們還會主動找我聊天。前些日子突然說要移居美國，和兒孫們同住。

他們的想法不太一樣，先生說：「我們早就因為小孩在美國發展而拿到綠卡，也在那裡住了好多年，後來因為住不習慣才回來台灣。這幾年來因為老了，身體不好，需要人家照顧，無論看醫生或幹嘛都不方便，兒孫全都是美國人了，美國思想美國作風，他們不可能回來這裡生活。幾經考量，最後還是決定將台灣的房產賣了，兩老去投靠他們……」

現在好多家具、古董、書籍、紀念品……都帶不動拿不走，送的送，賣的賣，丟的丟。去那裡以後，路途那麼遠，搭機那麼累，估計再也沒體力和機會飛回來看看家鄉的親朋好友了，應該會終老而死在那裡，這也是無法選擇的選擇。還好，晚輩們都孝順，只是老人家在那裡恐怕還是會很無聊吧！

之前沒那麼老，住不習慣可以回來，做個空中飛人，這回，什麼都處理掉了，房子也賣了，去了以後不習慣也得習慣。」

我突然覺得，一個人走到這一步田地，什麼都有了，也什麼都無力處理了，應該說沒什麼慘不慘的問題，或幸不幸運的問題了。

只是，你覺不覺得他們像一棵被連根拔起的老樹，丁點泥土都不留的慘遭挖起、載走、種到不明的天涯？

說實在，住在台北這個首善之區，也是地價高得嚇人的地區，人來人往的「移出移入現象」早已司空見慣。不過，每當看見有些人，去的時候年輕，回的時候年老，好像吃了速老藥似的，都會有時間無法銜接的蒙太奇。

都市人不像鄉下人那樣，堅守故園，安土重遷，生死在一個田莊家園，他們的流動性和回流性頻繁得像機場大廳的過客，出國入國都像在走廚房。這不知是好還是不好？有福氣還是很無奈？

每個人的想法各有不同。自願的也許好，被迫的就很無言了。有的人說：

「外國月亮比較圓」；有的人說：「死也要死在家鄉！」；有的人則一面視家鄉如親爹娘，一面嫌棄親爹娘醜陋、無能、粗鄙。人人各唱各的調，各擔各的心。

留也不是，去也不是的移民老人，他們心中的兩難，恐怕很難說吧！人的情感原本就複雜纖細脆弱，你已經有的東西覺得不怎麼樣，你沒有的東西覺得挺重要，等到你有了，夢想實現了，又嫌東嫌西。這剛好應驗了所謂的：「**怨憎會、愛別離、不可得、五蘊熾盛。**」

在我認識的鄰居當中，有的老來返鄉，靜靜的安享寂寞的晚年；有的客死異鄉，從此與家鄉脫鉤淡遠，歸期無有期；有的變成空中飛人，兩頭著地卻兩頭不安穩……

人世間一切有價值的東西，有朝一日終將從我們的眼前消失，不再回來。這說明了人的脆弱渺小，一切的恩怨情仇最後都是隨煙消散，無人聞問。

從這些「蒲公英花絮老人」的飄零謝幕，來去須臾，我宛若看見了大江東去浪濤盡的人間滾滾洪流……

親密、孤獨與自由，是我們一生都解不完的習題。人生的舞步完不完美，看的是能不能追求自我的豁然達觀，能不能勇敢的愛與被愛。當下的擁有，當下的幸福，都在當下。

一個人再怎麼搬遷移民，說到底，故鄉也會變他鄉，他鄉也會變故鄉；親而不溫也會變疏，疏而常溫也會變親。天涯何處不能家？

我們都是旅者，當流雲過去，蔚藍的天空將會出現在離你不遠處。我們沒有太多的時間活在過去，也沒有太多的心力為了曾經的滄桑而傷悲。

「呼吸就是財富，活下去就有希望」，這不只是安慰人的話，也是生命的實相。

每天給自己按一個讚

行其所行，安其所止，這就是大自在！我給自己按一個讚！

讚・留言・分享 1

Diligent

第3大讚

一心向上，一心慈悲。

我能動靜皆宜，我給自己按一個讚！

脫離人生的轉輪陷阱

「變動的人生，充滿風險，不變的人生，就沒有風險，或者風險少一點嗎？」最近我被問到這個問題，卻發現，這也正是我想問的問題。

過去，我們常被「一動不如一靜」的理論洗腦。譬如說，你有一個好好的工作，你卻想跳槽；你有一個穩定的生活，你卻想去做高風險的投資；你有一棟安穩的房子，你卻想換家……

於是，保守型的人會勸你，值得去冒那個險嗎？你怎麼知道變動之後，會更好？這個人不會告訴你，你怎麼知道變動之後，不會變更好？

如果你沒有堅定的動機和想法，你就會相信，不動最安全。於是，你打消了「變動」的想法，在可掌握的「舒適圈」裡過日子，度青春。

沒錯，穩定確實能給你一些安全感，不過，到頭來，穩定卻也可能會變成你的另一種風險。

這風險就是機會的流失，成長的流失，動力的流失，像漩渦一樣，把人捲入一個「框架化的生活模式」裡，我把它稱為「轉輪陷阱」。

最明顯的例子是，一群離開校門的社會新鮮人，幾年不見，有的人語言能力變強，有人跨入高門檻工作，有人領袖群倫，也有人原地踏步。從這裡可以看出，轉輪陷阱讓人不進則退。

「絆住我們前進的那一條無形的繩索」就是「害怕改變」，「沒有信心」，「安於現狀」，一心以為不可能，最後果然不可能。

有一個人考上公務員，上班頭一天回家，就告訴他太太說：「我今天工作的感想是，我好像看見了自己人生的盡頭……」

多沮喪的一句話，顯示出這個人對於「穩定」、「沒有變化」、「缺乏挑戰性」的工作，有著恐懼和無奈。

對於一個正在漂泊流浪的人，有工作會如獲至寶，可以理解。

對於一個擁有穩定工作的人，厭倦工作一成不變，也可以理解。

過去我們談了太多變動的風險，很容易掉入另一個轉輪陷阱的風險。想……考慮太多作罷，想……也是考慮太多作罷。

累積經驗，壯大實力，用進步和持平的心情，來監測人生的風險，我們才可能在動靜與進退之間，找到一個正確的抉擇。

我相信，人生苦短，機會一瞬，漂泊固然可怕，轉輪陷阱也會蹉跎掉我們大半的人生。我們總得在走累的時候，歇腳思考，也需要在轉折之後再度開拔，勇猛精進。

《孫子兵法．虛實篇》說：「**故兵無常勢，水無常形……能因應變化而取勝者，謂之神。**」我們必須承認，沒有人是神，沒有人能神準。凡改變必有風險，不變也很危險。

我要變，也要不變；我要不變，也要求變。因應變化而取勝，不因應變化將取敗。化約的說，動力要源源不絕，進步是天天累積。

安逸是一個容易接受的陷阱，這個陷阱像跑步機上的松鼠，輪轉了半天渾然不察，居然在原地蹉跎而已。

人生是一個不斷變動的航程，保持「與時俱進」的想法，才能因應瞬息萬變的局勢。身陷在慾望的深淵裡企求一步登天，或是害怕改變拒絕改變，都存在著某種的風險。常常評估自己手上的籌碼，才能誠實的面對變與不變。

據說詩人Scourt wilde 曾經花了一個上午的時間，去掉一首詩的一個逗點，又花了一個下午的時間，把去掉的逗點又放了回去。

人生的取捨不也是這樣，你認為最好就會最放心。

每天給自己按一個讚

穩中求變，變中求穩，《態勢論》説：「只有智慧能給我們答案。」我給自己按一個讚！

讚・留言・分享 1

追求真正的富足

人到了一定的年紀，都會思考一個問題：「我要繼續這樣的走下去嗎？」就像你走到深山的岔路，你會開始想，走哪一條路比較安全？哪一條路才有收穫？哪一條路可能只是在浪費體力？哪一條路可以遇到貴人？

讓勝利沖昏頭的人，會以為財富、關愛、榮耀、肉慾就是幸福的一切。於是開始忽略了自己性格的缺點，開始傲慢自大，不守信用，任意揮霍，被慾望無限上綱的支配，然後自我毀滅。

我說的不是沒有根據，看看身邊的人就會有不少的例子。那些人「因為成功，所以失敗」，「因為沒有人能告訴他，需要懸崖勒馬，所以馬就往懸崖跳了下去」，然後回到原點，或者跌到冰點。

做人如此，累積財富如此，事業家庭也是這樣。

《富爸爸，窮爸爸》的作者，家財萬貫的羅伯特・清崎，在他《富裕人生的兩種選擇》裡就說：「我打造了第一個事業卻失去它，結了婚卻以離婚收場」。

他承認因為有了財富的成功而讓人生因而失敗。幸虧後來他遇到了貴人，他的妹妹惠美・清崎，一個出家為尼，在印度清修的胞妹，才讓他開始思考：「真正富裕的人生是什麼？」

金錢與財富是人人都要追求的目標，在這同時，性靈的財富卻是另一種自由與幸福的渴望。虛假的妄念，會混淆了成功的定義，讓人墜入一個慾望無窮無盡的無底深淵。

當羅伯特・清崎開始想要追求性靈的完整時，他已然發現了「金錢富足，性靈不完整」的悲哀是什麼。他也開始了解到，大徹大悟的跳脫魔鬼的招手，才能走出森林的魔障。而那個魔障，正是自己的性格缺陷。

每回看書，我都會受到一點教化，激勵和衝擊，就像我每回走在森林裡的岔路，總要停下來擦擦汗，喝喝水，看看天氣，欣賞一下路邊的小花小草，或者和陌生人打一下招呼，說說走過的崎嶇，問問前方的路況，這些調整腳步的舉動，恐怕比悶著頭往前走還重要吧！

A吹著口哨往前走是因為春風得意；B吹著口哨往前走是因為想要壯膽；C吹著口哨往前走是因為要引人注意；D吹著口哨往前走是因為想要解決一個難題。

至於我，我吹著口哨往前走，則是因為想要紓壓，你若問我有什麼壓力，我會說：「我沒有好好的對待我內心的小孩，我常常忘了傾聽他的聲音，我真的很抱歉！」

每天給自己按一個讚

真正的富足是不理會「魔鬼的招手」，我知道我需要的是這樣的智慧。我給自己按一個讚！

讚 · 留言 · 分享　1

無所不在的學習者

在國外，學生打工的情況不少，即使有些國家禁止學生打工，或對打工做了諸多限制，對經濟弱勢家庭的學生來說，若不「冒險打工」甚至「暗地裡打工」，恐怕也沒辦法度過種種難關，光註冊繳費就很吃力。

這樣的情形，不免讓人心生同情。畢竟，環境所迫，不得不去打工，是相當無奈的現實。否則，誰不知道打工可能影響學業、減少休閒時間、還要冒著被發現或被退學的危險。

有的學生打工是因為貪圖物質享受，並不是經濟情況惡劣。這樣的學生，開銷大，交際多，荒廢學業而漸漸不想唸書，本末倒置，忘了當初要努力向學的初衷，實在可惜。

還有一種學生，因為打工賺錢，誤交損友，隨波逐流而漸漸墮落，或草草找個對象結婚，人生轉向，毋寧是一大豪賭或一大冒險，是福還是禍，是禍躲不過，想必讓他的家人捏把冷汗。

貪圖物質享受而去打工，是虛榮心作祟，不值得鼓勵。如果省吃減用能過關，專心唸書比較好，當然，節衣縮食過了頭，有害健康也不行。以前有位學生長期吃泡麵，結果得了肝病，真是糟蹋了自己。

打工問題五花八門，有的一時失察誤入歧途，被人利用；有的不懂法律，誤蹈法網；有的涉世未深，勞力被榨取，薪資被剝削。

想打工的學生本身在找工作時，若能謹慎一點查證，有問題就急流勇退，不被小利所惑，定能防範一些危害性的打工後遺症。

「學生打工好不好？」是一個見仁見智的問題。

有的學生，打工的場所環境很不好，「近墨者黑」；有的學生到危險的地方工作，結果變傷殘，悔憾一生。有的學生品德本來就不好，打工更讓其壯膽，物以類聚，惡向膽邊生，更是取薪滅火。

那麼有沒有正面助益的打工呢？有，而且還不少。有的學生因為打工，比其他同學更早獲得工作經驗，學到與社會真實的互動，了解社會某些方面的險峻，提早吃了苦頭，更早發現自己人生的方向。也有一些學生因為打工時很認真，才華洋溢，畢業後立刻被拔擢。

除此之外，有些學生因為打工得到的寶貴經驗，畢業後立即創業。還有一種學生，因為打工結交志同道合的朋友，成為往後創業的絕佳夥伴。

打工，也能改變人一生的命運，從此平步青雲。

我的一位朋友，因為在國外留學的時候，到大飯店去打工調酒，結果學了一套不錯的調酒技術，後來變成一位很有名的調酒師，還開班授徒，闖出一片自己的天空。我記得他說過：「有心栽花花不開，無心插柳柳成蔭。」

乾脆把打工賺錢當正職，去學校唸書當成副業，這樣的生涯規劃，總讓人有一些「本末倒置」的感覺。撇開「遇到意外的貴人」、「喜逢生命轉折的奇蹟」等少數特例，就投資報酬率的觀點來看，不見得有利。

如果有兩位學生，一位捨棄打工而專心唸書，順利拿到學位，另一位拚命打工荒廢學業，幾年後，那一位學有所成者的薪資收入，和另一位學無所成者的薪資收入，或是事業成就，恐怕會天差地別吧！

趨勢大師奈思比（John Naisbitt）說：「**預測未來趨勢，你不能只看見顯**

而易見的，你還要看見隱而不見的。」

我給的建議是：「聰明的選擇，勝過眼前的利益」，急功近利，划不划算，這算盤還是要自己打一打！

真正的高手是無所不在的學習者。有人教固然可以學，沒人教，照樣可以學。就像少林寺的小和尚，從挑水打柴開始學，勤練蹲馬步，再偷偷的觀察師父的拳腳招式、功夫眉角，遲早也能出師。

每天給自己按一個讚

有向上心的人，永遠充滿魅力。我以此期許自己。我給自己按一個讚！

讚 · 留言 · 分享　1

犀利人妻度小月

有一位人妻作家說，她每天目送老公出門上班時，都滿懷著感謝。她感謝老天爺讓他有工作的機會，感謝他的才能得以發揮，感謝他的辛苦老闆看得見……

當然，她最感謝的就是老公無論心情高低潮，都不曾抱怨的為家人努力工作。

這個社會有很多事情被視為理所當然，例如男人就必須養家，女人就要下廚，司機就要開車，護士就要熬夜，老師就要忍受家長的指責，老闆就要頤指氣使，員工就要低聲下氣。

所以，社會上普遍認為出錢的是老大，官大就學問大，上焉者不民主，下焉者不合作……以至於讓人忘記了感動和感恩，同理心和理解力。

最近聽聞有一個家庭的女主人，她的先生又中年失業了，屢次從高薪跌落谷底。固然，從一個有人人稱羨的工作弄到被資遣，性格習氣的問題自然脫不了關係，不過，這位人妻的態度也大有問題。

我的意思是，天天為了老公失業而爭吵，並無法改善什麼，也缺乏諒解包容和鼓勵，與其和你吵，不如我也去工作的決心，說不定還實際一點。

夫妻如果有共同面對問題的向心力，爭吵絕不會是第一個選項。

除非是倒楣遇到老闆破產關門，不然，面子問題、賭氣問題、愛計較、逃避責任、虛榮奢華、不安好心、患得患失、不誠實、不用心、不夠上進、心態傲慢……

最可能讓人失去信任感，進而失去工作。

一個人失去工作，很容易牽連到一個家庭過日子的信心和品質。小孩也會無辜的被波及。

我常常這樣想，人和人之間有溝通就會減少障礙，家族成員之間有愛的基礎就會減少磨擦。一個人失去了工作雖然是一時的不幸，但不會是一輩子的悲哀。

只有因為失去工作而失去東山再起的決心，失去家人互相扶持的力量，產生感情的嫌隙，才是天大的悲哀。

信任需要累積，感情需要經營。想要怎樣的人生，就要下決心去做怎樣的事情。等待和指責，焦慮和埋怨，只會像坐著搖椅，不停搖擺，不能前進。

有些事看似合理，其實不合理；有些事看似不合理，其實合理。局勢也一樣，有些局勢看似不利於別人，卻有利於自己，反之也是。

相信你會同意，冷靜又樂觀的人，最容易發現好機會，想到好辦法。我們何不養成在下結論之前，多想想看，有沒有別的可能的好習慣。畢竟多一些客觀，就多一些務實。

每天給自己按一個讚

稱讚比批評的力量大，感謝比抱怨的力量大，我要把壞事都看成「利空出盡」。我給自己按一個讚！

讚・留言・分享 1

鳥籠愛情VS.瘋狂世界

網路裡的一則社會新聞說，有一個人，因為妻子對他管得很嚴，這個人竟然在一次車禍之後性情大變，成了購物狂，他買的東西很不一樣，都是玩具或玩具模型。

另外，他還迷上到娃娃機去夾娃娃，穿角色扮演的衣服去上班。老闆看見他行為怪異，以為他神經病發作，乾脆把他辭退。

因為妻子在金錢方面控制得相當嚴苛，又丟了工作，連番不如意的打擊，病情更加嚴重。這個人的太太強迫他去就醫，經過醫生的診斷，才知道他得了「恐慌症」。

這種病的特徵是只要症狀一發作，就會焦躁不安，然後莫名其妙的去做一些奇怪的事情，來宣洩他的焦慮。

醫生分析發現，他是因為太太管得太嚴苛了，壓力太大，長期受挫，才會瀕臨崩潰邊緣，潛意識裡要用這樣的方式來「紓壓和反抗」。如果他的太太沒有改變對待他的態度，情況不可能會好轉。

從心理學的觀點來看，人的「意識層」裡有一個支配的力量，這個力量來自於「潛意識」。例如說，當人在生活中遇到挫折的時候，就會產生憤怒的反射。

這種反射可能導致兩種反應，一種是「回擊挫折的源頭」。另一種是「攻擊其它對象」。

這一則新聞中的主角，因為潛意識裡無法回擊他的壓力來源，也就是他的太太，只好藉由「其它的攻擊管道」來紓壓。

生活中難免會遇到挫折，挫折會產生憤怒，因此「抗議或反彈」其實有助於從現實情境的失落或幻滅中扳回一城，讓「憤怒帶來的恐慌」，得到某些救贖或平衡。

問題是這樣的反應，在第三者看來，不只是「恐慌症」的發作，甚至於是「神經病」的發作。外在像是他妻子壓抑他的因素，卻很容易被忽略。

人類的攻擊對象，通常是「比自己資源更少的人」，也就是「相對的弱勢者」。例如先生在公司被老闆刮了一頓，回家就嫌老婆煮的菜難吃，老婆雖然沒有回嘴，卻拿起竹鞭狂打孩子不去唸書，孩子很生氣就去踢家裡正在玩的小狗，小狗很憤怒就狂吠狂咬家裡的小鳥……

憤怒所匯集成的攻擊行為，往往是一個無辜的對象，而這個對象叫做「火燒山砸到猴子」——天大的冤枉。

關於憤怒（Anger），常會導致於指向一個錯誤的憤怒對象，波及無辜的第三者，結果不但沒能解決問題，反而製造了更多的問題。

正確而合理的表現憤怒，是人在面臨無辜受累時應有的心態。如果一味的逃避而不敢面對真實的憤怒，就會像上述新聞中的男主角，因為過度扭曲自己的情緒，變成一個行為怪異的「恐慌症患者」。

關於憤怒，有幾點值得思考的想法：

一、憤怒是一個警訊，卻不一定是一個真相。
二、不要像這則新聞事件中的女主角，想要完全操控別人。
三、要面對真實的憤怒。

四、遷怒是一個很壞的習氣。

五、勇於溝通才能解決問題。

六、不要因為自己的受挫而殃及無辜。

七、憤怒是維護個人尊嚴所必須，該憤怒時要讓對方知道：「我生氣了！」「這是我的底限」。

八、要將攻擊憤怒，轉化為果斷與自信。

找錯對象發飆，或是故意找不相干的對象來發飆，都是錯亂的紓壓方式。情緒控管較好的人，不太會做這種事情。

「通情理，能善解，不遷怒」也是一種「鳥籠人生」與「瘋狂世界」裡的安身與安心之道。

每天給自己按一個讚

時間和精力，是最重要的成本，我不浪費在生氣這件事上。我給自己按一個讚！

讚・留言・分享　1

放下要在當下，不能蹉跎

有一天去運動的時候，遇到一位氣功教練，剛好在樹下休息，因地緣熟識而打了招呼，後來我們聊到了一些健康方面的話題。

她提到：「中醫特別注重排除——『氣堵、氣濁、氣虛』的體內狀況」，還說：「百病幾乎都和這三個問題有關。」

雖然我參與氣功的資歷淺，幸運的是，身邊的氣功達人就有好幾位。我常向他們討教一些做氣功的要領和養生的心得，他們一致推崇運動的好處，也一再強調，堅持下去比什麼都重要。

另外，他們對於保健資訊、健康議題，也一直維持著高度的關心。

關於「氣」，古人講「調息」，今人說要「調氣、運氣、補氣」。當我們氣急敗壞、有氣無力、心中有氣、火氣狂飆、怨氣難平時……可以想像，我們身上的氣一定亂了套。

亂了套之後，會帶動生理的失衡，心跳加速、胸悶鬱結、穢氣無處發洩……結果不只生活狀況不順，健康也會出現一些不正常的警訊。

氣功，是藉著運功行氣來強身的一種運動，最好的時間點在天微亮，當植物釋放大量氧氣、芬多精的時候。

這時，做氣功者吐出的二氧化碳，剛好可以和植物們釋放的氧氣充分的交換，各取所需。

氣功常結合冥想和瑜珈的原理，以拉筋、頓氣、吐納、迴旋、閉氣、練腿、拍打、舒緩、放鬆、調息……等諸多方式交互運用，循序漸進，以求對健康達到加分的作用。

有一回，我問一位每天運動的同好，為何風雨無阻，堅持她的運動時，她告訴我，因為前一個工作壓力太大，加上環境糟，派系鬥爭厲害，人在江湖身不由己，每天都工作得很吃力，很累，健康也頻頻出包，尤其「心悸」的現象越來越嚴重。

據她轉述醫學報導，心悸頻率如果太高的話，會有猝死的危險。醫生建議她要勤做運動，尋求逐步改善，她選擇了做氣功。

後來，心悸的狀況果然大大的改善，現在為了讓身體維持在比較好的狀態，一點都不敢偷懶怠慢。

「心平」才能「氣和」，兩者之間互有因果關係、蝴蝶效應。光要做到心平，我們就必須先丟掉許多不必要的包袱、壓力和悶氣，擺脫人事的糾葛，尋求一片喘息的空間。

若要達到氣和的境界，還要修心養性，通情達理，深切的明白一個事實：「**縱然你不得罪一個人，不做錯一件事，你還是會遇到不喜歡你的人。**」

不愉快的生活氛圍，沮喪、猶豫、焦慮、怨恨的情緒，對我們的傷害是無形的、漸進的、累積的。我們只要冷靜的多想一下，就知道放下要在當下，不能蹉跎等到明天，因為明天只是一個廣義和模糊的未來。

白居易的詩中寫到：「**行宮望月傷心色，夜雨聞鈴腸斷聲。**」就是在形容唐明皇聽到楊貴妃死了，無論皇宮有多漂亮，鈴聲有多好聽，都變成了灰暗的色彩和斷腸的聲音。

可見，心眼決定我們的肉眼，情緒決定我們的壓力。心平氣和才能甩掉百病。

有一句話說：「提起千萬般，放下全無事。」為了健康著想，常常保持心平氣和，無論運動減壓、休息減壓、旅行減壓、禪修減壓，或經由人生觀的改變減壓，都可以試試看。

情緒的釋放，能幫助我們揮別傷害，遠離懊惱，回到平靜的世界。你的心靈有那些如影隨形的負荷呢？不要逃避，下個決心，就從現在開始堅定的放下它吧！

每天給自己按一個讚

為健康加油，不能等待。我給自己按一個讚！

讚．留言．分享　1

有一種愛叫做遠遠的關心

無意間，被一首不知名的歌吸引住，歌詞描繪：「有一種愛叫做遠遠的關心」，好聽又有好意境，聽罷，咀嚼再三，還是覺得溫馨。

也許不是歌曲感動了我，而是這一句歌詞，對人與人之間的微妙情感，提出了另類的看法，瞬間觸及人心吧？

遠遠的關心，是初戀？是單戀？是曾經的戀情？是不能相愛的兩個人的牽掛？是遠距的相思？是不被祝福的男女暗通款曲？抑或是親友之間的懸念與不放心？

由於時空的阻隔，命運的撥弄，只能遠遠的，遠遠的「想念對方」，這樣的情感真是無奈啊！

這讓我想起了朱自清的〈背影〉，酸楚甘甜得令人落淚的兩代情，字裡行間隱藏著雙方的有口難言。

父子生活在一起，但觀念想法懸殊，以致看似近在眼前，卻如遠在天邊的兩顆心，是如何欲語還休的互動。

讀胡適的情詩，也能讀到他對外遇對象，那個「心頭吹不散的人影」，使他在曹誠英以及元配江冬秀女士之間剪不斷理還亂的牽掛與掙扎。

一個有婚約之盟不能捨棄，一個有知遇之情不能結合，最後弄得與兩個人都只能遠遠的「愛」。

另外，褚威格的知名小說《一位陌生女子的來信》，描述一個癡心的女孩，十三歲起，暗戀同住在一棟樓對門的青年。

她每天瞧著對方，想著對方，甚至狂戀著對方，生命中簡直只有這個人而已，她無助的看著那個青年帶著女人回家過夜，卻只能孤獨的想著他，盼著他。

這個纏綿苦戀的故事，也是典型的暗戀，雖然對門近在咫尺，卻遠如在十萬八千里外的天邊，她默默的關心著對方，顯得無助。小說中人物的真情流露，哀怨纏綿，悽美動人，至今還感動很多人吧！

遠遠的關心，是時空距離下的無情阻隔，是不可言宣，不能明說，又不能放下的牽腸掛肚，是單方或雙方的戀戀不捨。

這樣的感情，朦朧得不可思議，挺折磨人的，卻千真萬確的存在於兩性之間或人與人之間，只能是說造化弄人，聚散由天，半點也不由人呢！

有一部取材自新聞故事所改編的日劇《一公升的眼淚》，敘述一位高中一年級女學生池內亞也，偶然間跌倒，被醫生診斷出得了罕見的「脊椎小腦突變症」。

這種症狀並非遺傳，卻是不治之絕症，患者發病後，會逐漸失去平衡感與行動力，最後漸漸不能講話，直到死亡。

當醫生宣判女主角，得了這個無藥可救的怪病時，她的父母頓時驚駭不捨。為了不讓她承受太大的打擊，他們選擇了隱瞞病情，以為在不知情的情況下，至少池內亞也還可以很快樂的過一些平靜的日子，殊不知這樣的慈悲，反而造成了後來更大的遺憾。

池內亞也的妹妹原本不知道姊姊得了絕症，一度懷疑父母比較偏袒姊姊。等她知道真相之後，為了擔心姊姊在上學途中跌倒，每天偷偷的跟隨姊姊上學，遠遠的，暗中要保護她，這種手足之情，任誰都會潸然落淚，心酸不捨，如切膚之疼痛。

生命無常變遷，常令人措手不及。無論我們歷經多少磨難，看盡多少悲歡離合，如何勇敢的釋懷，我們畢竟還是無法抵擋生命中巨變的衝擊。

有人說：「**不幸的事情發生在別人的身上，叫做故事，發生在自己的身上，叫做悲劇。**」

事實上，人總會在自己的身上看見不幸的放大，卻忽略了別人的痛苦同樣不可抵擋。

有一種愛叫做遠遠的關心，這種愛雖然有些夢幻或不夠積極，不過如果已經面臨不能改變的事實，像是劇中人得了不治絕症，我們真的也很難有太多其他方式的選擇。為了對方好，為了不傷害對方，我們只能小心翼翼。

遠遠的關心，默默的祝福，是個怎樣的愛？如人飲水，冷暖自知吧！

佛洛姆博士說：「愛的基本成分是知識、責任、尊敬和關心。」其中的關心，如果因為某種原因而不能趨前，就只能默默的，遠遠的守護著他，關心著他了。

我喜歡這種至情至性不為人知，真心付出的關心，因為這種「愛」真誠動人又值得借鏡。

有一回，朋友去醫院探病，剛好病人沉睡中，他進門望了一眼，小停片刻，就默默的掩門離開了，沒有留下任何資料。

真愛是一種心意，沒有理由，沒有包裝，只有真情流露。

每天給自己按一個讚

山風吹亂了窗紙上的松痕，吹不散我心頭的人影。我給自己按一個讚！

讚 · 留言 · 分享　1

放下與接納不完美

世間如果沒有男歡女愛，地球可能每天都在空轉。

美國有一對夫妻，結髮四十年，這位做先生的也在婚後不久，偷偷的愛上了情婦，兩人暗渡陳倉了將近四十年。

不說你也會猜到，情婦比元配年輕又美貌。沒錯，情婦比新娘子足足少了二十多歲。你一定會說，這位先生用情不專，狼心狗肺。你也可能會譴責他，才婚後不久就腳踏兩條船，真是個壞傢伙。

問題是，後來兩個女人都知道對方的存在，元配沒有吵著要和這個男人離婚，情婦也沒有逼著這個男人和元配離婚，以便爭取扶正。

一個女人努力的在維繫著「沒有完全失敗的尊嚴」。另一個女人努力的在維繫著「當小的，享有偷歡的刺激，卻不必肩負任何家庭責任的自在。」

這複雜的三角關係與兩個女人的角力，一面瀰漫著煙硝味，一面縱容這個男人左右逢源，都怕失去這個男人的寵愛，可以說愛恨情仇糾纏不清。

這位兩頭享受齊人之福的男人，輕輕鬆鬆的用「新歡的真愛無法擋」與「舊愛的責任不可棄」，就坐實了自己遊走兩方。他苦不苦沒有人知道，只知他最後死在元配的懷裡。

當元配把這個消息通知情婦的時候，不由得露了勝利的微笑，也流下了委屈的眼淚。勝利的是，最終擁有了這個男人；委屈的是，他的心早已不在自己的這一邊。

一個最終擁有男人軀體的女人，展示了「形式上的勝利」，卻也無法掩蓋「實質上的挫敗」。但那個情婦，雖然最後得不到那個男人，卻能在他活著的時候，牢牢的擄獲著他的心。

這場兩個女人的戰爭，很難分出誰勝誰負。她們卻耗盡了一生的青春，來從事捉對廝殺，為的只是一個簡單的理由——「不能輸」。

兩個女人為一個男人而戰爭，或是兩個男人為一個女人而戰爭，當「不能輸」變成最高的人生宗旨時，愛情早已變成了上癮的「毒藥」。喝下去會死，不喝下去也會死。

男歡女愛讓世間紛紛擾擾，讓悲劇不斷上演，當大家都變成悲劇的主角時，沒有人能對這「無厘頭的情欲糾葛」說出什麼道理，就算說出了什麼道理，也不一定能解決這個千古以來最難解的習題。

家庭是溫馨的，有人卻甘冒身敗名裂，親人反目，來玩這種危險的遊戲。衛道者說：「看不懂、不應該。」偷歡者說：「你不懂，你不敢。」我們看到的盡是，自私的人總會搬出「冠冕堂皇」的理由，來為自己的自私和寡情辯護。

儘管「人之異於禽獸者幾稀」，人畢竟還是最高等的動物，人知道「傷害一個忍辱負重的配偶」，或者「傷害一個為自己犧牲青春幸福的對象」，都是「良知所不容」的罪惡。

無論歪理能否說得讓人信服，說歪理的人一定知道自己在說歪理；說歪理的人也知道自己並非「高等動物」。

世間如果沒有男歡女愛，地球可能每天都在空轉。不過，男歡女愛其實未必就是「真愛」。有時候，它只是「情慾所包裝成的贗品」。

「真愛」絕對應該寓含著：「責任、尊敬、知識與智慧」的元素。或者，您說呢？

真正的親密關係來自於心中的自由，而不是來自於心中的操控。愛的極致是一方面擁有自己，一方面給予對方獨立自由的空間。

世間男女的愛，不但要做很多的放下，也要接納很多的不完美。更要緊的是，不要因為私心而傷害了對方或任何人。

每天給自己按一個讚

真愛是什麼？有人說是尊重，有人說是爭取，有人說是放手。你給真愛怎樣的定義？我的定義是：「真愛無悔」。我給自己按一個讚！

讚 · 留言 · 分享　1

被罵幾句，說不定受用無窮

出生在日本大阪，曾經活躍於電影、電視、舞台的老牌名演員森繁久彌先生，出版過給二十一世紀日本小朋友朗讀的故事集CD、詩集，深受小朋友的喜愛。

這位家喻戶曉的名演員，在對小朋友勉勵的談話中，曾經強調，無論哪一位大人，都曾經歷過小學生的階段，同樣也體會過人生的煩惱以及艱苦的讀書過程。

森繁久彌以他自己的成長經驗和感想，告訴小朋友們：「一個被罵得越多的人，一定會從挨罵中，累積到更多的智慧。」

所以森繁久彌提醒大家：「與其因為被罵而在那裡哀聲嘆氣，不如想想，自己將因為被罵得很多，反而越來越有智慧，比比那些從不被罵，不知天高地厚的人就知道了。這樣看來，自己是不是因為被罵而很有福氣？」

森繁久彌先生的「挨罵哲學」，的確和一般人不同，他認為：「大人常常對小孩子的未來存著好的期望，不由自主的怒罵或苛責小孩，可惜小孩往往不能體會大人的用心」、「高齡的我，對於媽媽和兄長仍存著很深的懷念，現在回想起來，最難忘的還是被罵」、「要不是當時被罵，也許後來的許多禮貌不週、粗魯行為、帶給別人的麻煩，都不能得到警惕和修正。」

過去，家庭教育一直被當作教育裡最重要的環節之一。古話說：「玉不琢，不成器，人不學，不知義」。

被罵幾句也算琢磨，當下可能心裡不服氣，感覺很窘，不過等到未來，說不定會和森繁久彌先生一樣，受用無窮呢！

每個人都不應該做出帶給別人困擾的事情，包括依賴、不負責任、違背善良習俗、侵犯別人的權益等。至於該認錯道歉的時候，也要有勇氣面對現實，顯現出謙卑自省的態度，才算是有擔當的人。

現代人最缺乏的不是知識而是教養，小時候看見農人花很長的時間用竹子做牛鞍，他們並非用蠻力強迫竹子轉彎，而是讓竹子一面長大一面施力使它日日轉彎。農人說，等竹子大了再想要它轉彎，可就難了。

年少時，是人生的黃金學習階段，學習需要熱情，需要自我管理，更需要耐心。法國人說：「**願年少有知。**」的確很有道理。

每天給自己按一個讚

一個被罵得越多的人，一定會從挨罵中，累積到更多的智慧。我給自己按一個讚！

讚・留言・分享　1

愛是一門艱難的功課

二〇一二年一月，在日本念書的兩位台灣女生，突然被另一位台灣男子殺害，這則新聞震驚兩國，也驚動全世界，隨著加害嫌疑人的自殘，新聞熱度驟減，整個事件也隨著落幕。

可是新聞會冷卻，傷痛卻不會。這個悲劇對幾個家庭的傷害與痛苦，根本無法結束，也永遠不可能結束。

多麼不幸的事件，給我們深刻的省思。究竟，戀情需要如此沉重？非要玉石俱焚嗎？對於愛慕這件事，真的需要「愛不到就毀了他或她」嗎？

我不禁要說：「真愛絕不是這樣」，真愛不是「廝守」就是「祝福」，沒有別的，如果有，那就是對愛的扭曲，對情的幼稚，對生命或者說對於對方感受與立場的不尊重。

沒有愛自己能力的人，一定沒有能力愛別人。

沒有同理心的人，也沒有資格追求真愛。

出於競爭的愛、掠奪的愛、別有居心的愛、不愛對方的愛，都是假愛，愛的贗品。

愛需要慎始，更需要敬終。

愛不是單方的事情，愛是雙方的心儀、共鳴、認同，與認定。

在國外念書的時候，看過很多對的戀人，有的後來終成眷屬，有的後來勞燕分飛，也有的不知他們愛的結局。

不過我觀察到，留學生的愛很特別，那是一種「沙漠中彼此都遇到綠洲」的感情。因為生活的艱困，有很多問題需要幫手，於是在一種互相需要協助的情況下，最容易擦出火花。

但這火花可能只是漫天的焰火，忽明而滅；可能只是海市蜃樓，似真若幻。要等到互相回歸自己的軌道之後，透過時空距離的試煉，才能知道「兩情」經不經得起考驗？

換句話說，假象多於真相，現實多於夢想。

我這樣說，不表示對待感情不要認真，而是用情要客觀、要理性、要認清彼此的初衷和未來的方向，或者一些既存的背景。

如果有交集，「萬里奇緣，歡喜天作」，自然很好；如果不是這樣，那麼「過客」的永恆情誼也很不錯。

那是一種「曾經的患難」、「共同的記憶」、「相知相惜的友誼」，一樣「可長可久」，何必「苦苦強求」、「橫柴入灶」、「可怕收場」？

佛家常說：「**惜緣惜福，千萬不要攀緣強求。**」這話說得好。真的，強摘的瓜不甜，畢竟苦澀，無福消受。世間多少攀緣悲劇，多到無法枚舉，可做為我們的借鏡。

少年不識愁滋味，以為虎山任我行，也算一種年少輕狂，年幼無知。

看過日劇《危險的戀人》，男主角那種索命連環call，如影隨形的監視，日夜的騷擾，步步驚魂的威逼，讓女主角喘不過氣來的驚悚追求，實在恐怖到最高點。這讓我想起，兩性交往的過程，最好不要忘記「守住該有的分際」，「保守該有的原則」。

例如不要表錯情、不要亂收禮物、不能過於耍曖昧、不能太依賴、不宜太奢求、拒絕太拜金、遠離趨炎附勢的傢伙……否則造成錯誤的認知，最後可能走到「請神容易，送神難」的地步。

愛是一門艱難的功課，也是一種高深的修行。無論博士也好，碩士也罷；小開也好，窮小子也罷，誰也不敢說，誰就安全，誰就危險？讓時間來洗禮，來觀察，或是來考驗吧！

經得起考驗的，才算是有社會成熟度的好對象，經不起考驗的，很可能會變成怨偶而不是佳偶。

所有不切實際的幻想，都是鏡花水月。我篤信，看人要看——對方的社會成熟度。

世間的紛擾，大都是來自於人心的「顛倒夢想」。凡是虛假的親密關係，彷彿蓋在沙灘上的高樓，很難牢固。

唯有隨緣任運，拿下虛假，高EQ的愛，才能牢不可拔，可長可久。

每天給自己按一個讚

我不能只想肉身的今世需求，而是要為靈魂的來世開路。青春不老，幸福綿長，苦惱消滅，都因付出而得。我給自己按一個讚！

讚・留言・分享 1

Smile

第4大讚

學習微笑，面對苦難。

我能化苦為甜，我給自己按一個讚！

也許只是現在跨越不過去

無意間，看見連續劇的一段對話，覺得不錯，猜想編劇家對人生應該有一番深見，才能寫出這麼溫暖的言語吧！隨手把它紀錄下來，也算是對生活的一點小用心。

劇情是描寫一位女生，愛上有婦之夫，男生已經和他的太太分居，帶著一個小孩。女生不計較男的已婚，又要照顧小孩的窘境，甚至想和男的婚後與這個小孩合組一個家庭。

後來那男生為了種種考量而作罷，女的自然很傷心，決定離開傷心地，回到美國去定居。女生去和他的長輩話別，長輩說：

「你的處境我很了解，也幫不上什麼忙，不過你也不要太難過，我相信這也許只是你現在跨越不過去，才會這麼苦。只要你努力的生活下去，將來，無論是五年後，還是十年後，你會發現，你終於跨越過去了，你還是會找到屬於你自己的幸福的，我對你很有信心，你辦得到的。」

我們每一個人何嘗不是這樣，遇到了任何「錐心之痛的不幸事件時」，也會有一時之間，或是很長時間「跨越不過去那個痛苦」的情形。

我們用哀傷哭泣或種種方法，來面對那個不幸，因為太痛了，誰都幫不上忙，連最親的親人也無能為力。

這時，難道我們就要放棄後面的人生嗎？難道要折磨自己到死才罷休嗎？難道就此放棄所有的希望了嗎？當然不，絕對不要。

我們只是想要忠於那個感情，想要擁有那個美夢而不可得，我們的心碎了，但是希望不能跟著碎，月亮有圓缺，那是因為我們看的角度和時間不一樣的關係。

挫敗的苦果，對誰來說都是一個重大的考驗，你跨越過去了，你就贏了，你就平安了；跨越不過去的話，後面絕對會有難度十倍、百倍以上的另一個考驗在等著你，這是常有的事實。

當我們包容命運的坎坷時，我們就不會想要抱怨，只會想要感恩，感恩那曾經的機會，感恩那曾經的美好，至於以後的日子，就以懷念代替心痛吧！這也許才是「最不傷」的方式，也是跨越「痛苦」最好的方法。

我們不必像小丑一樣，將悲傷隱藏起來，反而應該試著釋放悲傷的痛苦和壓力。

我們必須找到「自性清靜」的境界，最好還要做到表裡如一，這樣我們才算是跨出了我們自己認為跨不出去的第一步。

看清楚妄念的虛幻與煩惱的無邊，煩惱才能慢慢轉化逐漸淡出。不再軟弱孤獨，就從「徹底歸零」開始吧！

一個在失敗的時刻，還能進行成功佈局的人，才是真正有能力主導生命步伐的人。

東山再起的企業家，幾乎都擁有遠大的眼界、廣大的格局以及開闊的胸襟，驚人的抗壓力，即使度小月，也能冷靜的沉潛，鴨子划水，等待時機，尋找資金，培養貴人。

與其說他們時來運轉，不如說他們打死不退。至於趴下去就起不來的企業家，就少了這個能耐。

九命怪貓的人，樓起樓塌，樓塌樓起，經常讓人跌破眼鏡。他們憑藉的是個人的招牌、能力和信用。他們敢借能還，敢進能退，身邊總有一群革命情感的創業死黨。他們不是一敗塗地，而是一時低潮。

勇者無敵，能者不敗，我給他們掌聲，給自己按一個讚。

每天給自己按一個讚

障礙跨越得過去，就會變成境界；跨越不過去，就會一直都是障礙。我給自己按一個讚！

讚・留言・分享　1

不需要靠抱怨來解決問題

有一位格友想換工作，心裡卻很猶豫，就把他的處境提出來和我討論。換工作對很多人來說，都是兩難的抉擇。我不太了解他，只能就他的問題提出一些參考性的想法，希望對他有一點幫助。

說到角色扮演，有時我想，我為什麼要選擇這個角色？就算這個角色是我心甘情願的，那麼，我做得稱職嗎？開心嗎？值得繼續下去嗎？我委不委屈呢？能學到東西嗎？有未來性嗎？對資方而言我的產值怎麼樣？待遇方面，我是一個所得不如才能者？這些評量，都是想換工作之前應該好好斟酌的。

變換人生的軌道，有一種人是為嚮往新工作而求變，有一種人是為逃避舊工作而求變，兩種心態完全不同。我不知這位格友是屬於哪一種？

嚮往新工作的人，要評估自己的客觀條件。想當歌星，要先有好的嗓子；

想當會計，要對數字很敏感；想當老闆，要有領袖的特質；想當球員，運動神經要發達；想當音樂家，音感要好……

這種評估不是絕對的，也不是毫無意義。只要多了解自己，以後走的路就會順利一點。

逃避舊工作的人，演累了，演得不開心，沒成就感，就會想再去找別的角色來扮演。

以前我有一位朋友的孩子，一下子做印刷，一下子做蛋糕，一下子做工程，轉來轉去，沒有一樣做得住，做得開心，每個行業都是當菜鳥，既沒累積到什麼專業，也沒做得開心，平白浪費了漫長的時間，最後也沒成為混搭人才，實在可惜。

有的人轉換工作是因為興趣不合、理念不合，與人難相處，環境不理想，交通不方便，老闆不開明，上司不公正，加班時間長，待遇差……

有的角色要人背黑鍋，明明不是你的錯，只因你瞻前顧後，好欺負，不敢反擊，不會離開，就被當做軟柿子。

有的角色明明是你辛苦努力的成果，別人卻來割稻尾，搶功勞，讓你很不是滋味。

世界上大概沒有什麼角色能永遠讓人稱心如意的。就算當個總統、財團大老闆、企業小老闆、學校校長、官場大官、公司總經理也一樣，別人無法煩惱你的煩惱，無法體會你的委屈、無法了解你的辛苦、無法感受你的壓力……一件好事發生三分鐘後，一件壞事接踵而來，這就是人生無常的寫照吧！

我看見不少人的工作是過勞死的工作型態，空有一身的風光，你可以羨慕他，也可以為他不值。

你的位置也許能支配一些人，你同樣要被一些人支配。你的權利讓你感到驕傲，但你仍要為你的權利負一些責任。你很忙很辛苦是應該的，因為你的薪水比較大包；你很忙很辛苦是應該的，因為你的職位比人低。天地之間吃苦受罪，人人都有他的理由和苦衷。

心情鬱卒時就想開一點，你可以猜想別人也鬱卒；被支配就想開一點，你可以猜想別人也被支配；受傷就想開一點，你可以猜想別人也受傷。世間大概沒有哪一種角色是輕鬆涼快的，等到你換個位置就會發現其實不簡單。

冷靜思考，能讓我們重新發現工作的價值，重新定位工作的意義。去留之間，不必憑一時的衝動，可以用「SWOT——優勢、劣勢、機會、威脅」四項分析來認真思考，謀定而後動，這樣也許比較符合現實的需要吧！我們真的不需要靠抱怨來解決問題，抱怨也解決不了問題。

最好的動機來自美好的願景，願景是自己夢想中的花園，需要自己去灌溉。人各有志，花錢跑遍世界，不輸擁抱一堆財富。

撇開情緒的因素，放掉人情的糾葛。從內心自我探索，逐項檢視。看看自己的核心價值是什麼？弱點是什麼？機會點在哪裡？威脅在哪裡？競爭力是什麼？幾乎就能釐出一個該進、該退、或維持現狀的頭緒了。

每天給自己按一個讚

問人不如問自己，有動機才會有動力，有動力才會有轉機。我為那位想轉業的格友加油，我給自己按一個讚！

讚．留言．分享 1

是人心複雜，不是事件複雜

電視上一群人大陣仗的在談論「外遇與離婚事件」、「單親家庭」的甘苦談，參與者據說都是離婚的當事人和他們的子女。

我睜大眼睛數十分鐘，好奇的想知道眾人如何看待婚變，這一集算是讓我開了眼界。

來賓A說：「放手後關係變好，雙方都有不錯的成長。」（不知是不是場面話？）

來賓B說：「我們的孩子很懂事，所以沒有傷害到孩子的感覺。」（天曉得？）

來賓C說：「離婚是兩個大人的事，爸爸媽媽永遠是孩子的爸爸媽媽。」（不然，難道要是路人甲或路人乙的爸媽？）

來賓D說：「離婚是因為我自己的錯誤，我沒有資格期待能挽回對方。」（是真的還是假的？是真的懺悔，還是根本就拿自己當聖人，做不想挽回的藉口？還是，一個想出走的狡詐理由？）

來賓E說：「兩人都有默契，等孩子大了再離。」（看起來比較有一點小理性，問題是孩子多大才算大？多大才能說不傷害到他們？這樣做，就算負責任了嗎？）

來賓F說：「離婚是為兩個人的人生設下停損點。」（自己停損？對方停損？兩人停損？也是個羅生門。婚姻需要經營，不是買股票，說停損就停損，那，自己結和離的標準又何在？）

來賓G說：「離婚的話，孩子會受到一輩子的傷害，我不贊成離婚，但是對方外遇，我是無法忍受的。」（孩子會受到一輩子的傷害，的確要注意這個問題，忍不忍要多一點時間和智慧，神仙也難判斷該怎麼做啊！）

每一個人說話的背後恐怕都另有隱情。經過包裝之後的堂皇理由，不見得都是真心的告白，也不見得都是不值得同情和諒解的敘述。

人要選擇被傷害？傷害對方？兩敗俱傷？傷害小孩或家人？都是個人的自由，問題是，做了決定之後會心安嗎？這才是另一個必須深思熟慮的重點。

有些人一時衝動，做了後悔一輩子的決定；有些人一輩子都在做後悔的決定。悲劇性格的人一定會一直扮演悲劇的角色，你怪不了他，也救不了他。因為只要前面有火坑，甚至很遠很遠的地方有火坑，這種人都會像飛蛾撲火那樣，閉著眼睛往裡跳，你能奈他何？

專家說：「**人的性格分為隱忍型、自立型、被迫型三種，各類型的人都會做出自己覺得很對的選擇。但是那些選擇不一定合乎理性，合乎人性，或合乎社會性。**」

一個背叛家庭的人，可能只是花心，骨子裡還是需要這個家。不懂得負責任的浪子或浪女，可能有一個錯覺，以為隨時要回家，家就會在那裡等著他或她。其實，天下沒有這麼便宜的事情，這要看老天還給不給他機會。

來賓H說：「會外遇的人就會一直外遇。習性是很難改變的。有的人婚前偽裝得很好，婚後就露出馬腳。有人婚前就那個德行，不怕死的人還是會去遷就他。」

來賓I說得好：「生命苦短，不能揮霍，每一個人都需要一個甜蜜完整的家。既然有這樣的期待，就不要隨便踩出婚姻的那一條紅線。」

胡斯曼教授說：「一個人如果只想到自己，會活得很糟。」這一句話，或許可以幫助我們理解，為什麼那麼多人的婚姻關係亮起了紅燈，又有那麼多的人會變成怨偶，最後勞燕分飛。還不都是只想到自己，完全忽略了別人。

一位作家說，把簡單的事情弄得很複雜，而且習慣那個複雜之後，我們就會漸漸喪失了簡單的能力。人和人的關係也一樣，越單純越好。

婚姻爆胎，往往是人把原本單純的事情弄得複雜化了。是人心複雜，不是事件複雜。

每天給自己按一個讚

莎士比亞說：「戀愛時的愚蠢，會腐蝕了人的智慧。」我們需要的是靈魂伴侶，而不是吵鬧冤家。愚蠢與聰明，只在一念之間。我給自己按一個讚！

讚・留言・分享　1

相愛時難，別亦難

讀書會的時候，我們討論了作家小說家平路的作品《亡妻以及她的狗》。這篇故事描寫一個女人，帶著她心愛的狗兒糖糖，嫁給一位太太過世，也養著一隻他前妻生前很寵愛的狗兒土豆的男人。

女人想當然，愛狗的男人和自己一樣，都是喜歡寵物的人。應該不錯。沒想到事情沒那麼簡單，男主人放縱他那沒教養的土豆，欺負她的糖糖，常常將牠咬傷，而且視土豆如他前妻的化身，疼愛有加，隨牠撒野。

事情不止如此，男主人家裡一衣一景一物，都和已逝去的女主人有關，原封不動，整整齊齊，連她的畫像也掛在臥房……

這個新婚的女人「嫁過來好像掉進另一個女人的家裡」……「感覺上她老婆宛若還沒有離開的盯著自己」……「自己像第三者一樣見不得光？」

……「沒有人能跟死者為敵」……

於是，他們的婚姻出現了很多意外的問題。無解，難解，不得不解。

這女人既擔心自己的糖糖被霸凌，就像自己一樣沒地位，又擔心自己只是先生的替代品。於是處心積慮的想著：「不送走土豆，自己的日子過不下去。」她決定「不是自己走，就是土豆走。」只能二選一。

最後，糖糖失蹤，土豆被送進流浪狗收容所。

這女人心裡其實不忍，想著土豆的命運，會不會因為沒人收養而被安樂死。

整篇文章讀起來很悽美、很矛盾、很苦情，也很懸疑。

亡妻再娶者，若有情，一定很難放下；若無情，嫁這個人也是麻煩。

讀書會有人說，嫁給離婚的對象或許會單純一點，但也未必。會離婚者有的的確是因為被人背叛很無辜。但也有的是人格特質上、人際關係互動上，有一些問題。例如外遇者、不負責任者、家暴者、嗜賭者、以離異為常態者……豈不糟糕。

親人亡故者、失婚者，都是不幸的遭遇者，相當傷痛，值得同情與理解。不過，如果要鋪陳另一段婚姻，必得努力的真正的好好的走出來。不然，像是對自己鑄造一個不負責任的罪惡，對新歡也不公平。

愛情是「知識、責任、尊敬、神聖與智慧」的綜合體，捨一則不美，也難和諧。若變成互相折磨，豈不是又走上另一次的悲劇？

「以銅為鏡，可以正衣冠；以古為鏡，可以知興替；以人為鏡，可以明得失。」做人是否誠心誠意？做事是否合情合理？常關係著人的幸或不幸。

能盡人事的部分若全力以赴，該聽天命的部分若不怨天尤人，一時半刻遭逢打擊，努力挺過去了，就能撥雲見日，否極泰來，得到幸運之神的眷顧。

真正的愛是，對非親非故的人大慈，對受苦受難的人大悲。格局大的人，無論對至親或陌生人，都會秉持平等心、同理心、善解心，廣植福田，不把回報放在心上。

每天給自己按一個讚

修己度人，但求心存正念，遠離一切惡念。我給自己按一個讚！

讚・留言・分享 1

聽聽別人刻骨銘心的懊悔

朋友的女兒在一家外商公司上班，聽說外語能力好，做事有效率，溝通業務的態度很委婉，棘手的問題到了她的手上，通常都能順利的解決，這個女孩的才華，深得多家客戶的好評。

公司發現了這位不可多得的人才，對她疼愛有加，不斷調高她的薪水，晉升她的職位，老闆還多次在公開場合稱讚她的傑出表現，希望同事們以她為榜樣。這一切攏絡的待遇，無非是怕她選擇跳槽或被同業挖角。

在這種環境下做事，「光環」變成了她的「緊箍咒」。她手邊的工作越來越多，待解決的難題堆積如山，趕時間的case順理成章的掉到她的頭上，在沒有三頭六臂的情況下，加班、拿回家做、熬夜、不休假、找朋友幫忙，使盡渾身解數……變成了她「支撐光環」的唯一選擇。

有時，她也會懷疑，身為「能者」，如此「多勞」，真的是最好的生活方式嗎？

我的朋友，這位小姐的媽，每天看在眼裡，除了心疼，似乎也沒辦法幫她什麼。直到有一天，有人建議她，讓她的女兒去參加「心靈成長課程」的訓練班，事情終於有了轉圜。

朋友說：「女兒去參加訓練課程時，老師要學員們輪流上台，分享一件自己最刻骨銘心的事情。」

「這個老師的點子好像不錯，我想應該是要學員們學習在眾人面前，完整的表達自己的想法，分享彼此的寶貴經驗吧！」我說。

「是啊，在職場天天忙於工作的人，可能沒時間去思考一些比工作更重要的事情！」她回答。「譬如說什麼呢？」我問。

「譬如說感情生活、家庭生活、業餘學習、機會搜尋、專業充電、休閒活動、人際關係、健康維護等等。」她說。

「你的女兒有什麼特別的發現嗎？」我好奇的問。

「有！她說，有一位女學員上台談她刻骨銘心的懊悔，好像就是在說給我的女兒聽……」她接著說。

「為什麼？」我問。

「因為她的情況就像我女兒的翻版。」她說得認真。

「所謂翻版是……」我問。

我女兒說，那位學員在描述自己刻骨銘心的懊悔時，幾乎掉下了眼淚。她說，她自己一向好強，好強到走火入魔，在工作上每一件事都要強出頭，表現到完美無缺，所謂的零缺點，也就是極盡龜毛的完美主義者。因為工作表現很突出，人緣也還好，就步步高升，內心不免自鳴得意起來，不知不覺的，賣命變成了唯一的生活重心，好強變成了不歸路。

直到年前身體不適，意外的檢查出得了癌症，醫生說極可能是工作壓力太大，累積過多的疲勞，才導致病發。」她轉述她女兒的話。

「我想壓力和她的病一定脫離不了關係吧！」我這樣猜測。

「就是嘛，那位學員說：『等到發現事態嚴重，想拯救自己的健康時，為時已晚了，心情也糟透了』。她手上的工作不得不分出去，跑醫院和回家休息的困擾與罪惡感，如排山倒海的衝向自己，這時，簡直不敢想像，明天到底會怎樣……」

「休息了一年多之後，她的心情還是無法平復，很不甘心，也很無力。她懷疑自己的想法有問題，這都怪她『自以為是』的堅持工作至上，不顧健康的結果。如果能重新選擇生活方式的話，她說她絕不會再走同樣的路……」

「這是那位小姐為何來參加這個課程的動機，還有……也是她長這麼大以來最刻骨銘心的懊悔。」朋友重複一遍她女兒說過的話。

「哇！這位學員的心路歷程，簡直是很多上班族心態的照妖鏡。」我有感而發的說。

「我女兒說，台下給她如雷的掌聲時，其實她的心卻是在砰砰的跳……」這位媽媽形容她女兒當時的情形。

「我猜你的女兒一定嚇到了。」我回應。

「何止嚇到，簡直是當頭棒喝嚇呆了。她說，她當下決定上完課程，要去找一個不會害死自己的工作！」這位媽媽大笑起來說：「別人的故事比我的提醒有用。」

「從工作第一變成健康第一，真恭喜你的女兒早早覺悟，遇到了生命中的貴人！」我對她的好運感到開心。

「就說嘛！每一個人的負荷都有一個極限，偶爾超過一下，可能沒太大的關係，休息休息就沒事，如果長期不理會壓力，遲早會被壓力壓垮，到那時才哭天搶地也來不及了。」這位媽媽臉上堆滿著笑容。

每一個人都有一兩件，乃至於很多件「刻骨銘心的懊悔」，這些懊悔，無非因為某種「錯誤的認知和頑固的堅持」，在沒有踢到鐵板之前，「七月半鴨子不知死活」。

我認識一位因為罹患肝癌，開刀割掉數公分肝臟的人，他說：「回顧發病前半年，我簡直是瘋狂的工作，要錢不要命，如今，一切都是報應，我就是我自己的兇手」。

另一位得到「肌纖維疼痛症」的病人告訴我說：「得到這種病之後，才知身體肌肉含氧量不足，是因為長期壓力造成的生理障礙，發病時，臉色慘白，全身痠痛無力，手舉不起來，話說不出話，很難呼吸，要靠氧氣罩苟活。」

「醫師說若持續惡化下去，有可能一、二十年後會失明、失聰。我現在已經不能工作，不能緊張，不能生氣，不能大動作工作，不能……而且現在，一個耳朵幾乎快聽不見了，要靠助聽器。」

有位曾是台商的親戚，在大陸設廠，賺了錢，也換來一身的毛病，目前已把那裡的工作結束掉，回家調養身體。

他說：「壓力太大使我的心臟出了問題，現在我的心血管做了支架，因為支架有發炎的危險，必須長期服用一些抗發炎的藥物，現在已經變成了一個藥罐子，將來還要負擔長期服藥所累積副作用的風險。」

在教人邁向成功的教材中，無不鼓吹人們要拚命工作。不過你若仔細看，那些因為拚命工作，疏忽保養，以致健康很糟，婚姻千瘡百孔，家人失和，為利益翻臉的人，其實他們也有早知今日何必當初的懊悔。

每個人都需要精神的鼓勵和情感的撫慰，工作只是人生的一個面相，並不是全部。我們可不可以在工作和家庭生活當中找到一個平衡點？可不可以拿捏一個精準的中庸之道的生活？在顧及努力的同時，照顧到應照顧的層面。

人身不是鐵打的，強出頭最危險。一位作家描述人性時說：「要害一個人，只要連續稱讚他三次就夠了。」一位禪師也提醒：「莫為今天的暴虎馮河，鑄下明天刻骨銘心的懊悔。」

一位企業家說：「一個問題，拿去問一百個人，會聽到一百個意見，而一百個意見不見得都對，也不一定都錯。它們可能有一些參考價值，也可能全部白搭。別人的意見不能胡亂照做，耳根子軟，穩死。也不能完全不拿來警惕參考，太固執己見，同樣穩死。」

盡信游泳的書不一定會游泳，盡信下棋秘訣不一定會下棋。所有的知識都要透過實作印證與不斷修正才算務實。

當「無知、貪念、粗心」或「虛榮浮華」的魔鬼向我們招手時，趕快拒絕離開，這樣我們才算懂得保護自己。

每天給自己按一個讚

若能做事不走偏鋒，做人不靠強求，審時度勢，一定能無怨無悔的盡其在我。我給自己按一個讚！

讚・留言・分享 1

害怕吃一點點虧，終究會吃虧

職場上有一個女生要辭職了，工作三年，她認為自己很努力，很認分，舉凡手邊的工作，都全力以赴，問心無愧，可奇怪的是，上司就是不喜歡她，對她的工作不滿意，人前人後，常有微詞。

她不明白，到底哪裡出了問題？是不投緣嗎？挑剔嗎？忌妒嗎？還是兩個人對事情的看法南轅北轍？

這個女生說她一直很低調，也檢討過自己的言行，答案還是：「一頭霧水」。

我告訴她，既然要辭職了，就無需再想太多和這個人的不愉快經驗，因為以後遇到的人，不一定是和自己沒緣的人，倒是要想想看，自己過去的行為模式，有沒有什麼盲點？處理事情的態度上，有沒有什麼要改進的地方？

比較可能的大概有兩件事，一是「溝通」，二是「尊重」。

我的單位以前來了一位應徵的女生，面談時，她問我：「是不是自己的工作做好了，其他人的工作可以完全不管？如果別人做錯了，我會不會被連累？主管分配給我的工作，我是不是每件都要回報結果？我的工作做得很快，主管會不會因此把更多工作給我？……」

聽她「落落長」的問題，如果你是主管，你敢用這個人？會用這個人嗎？我想應該不會吧！

一個人善盡本分顧好自己，原本是天經地義的事情，但是這個女生顯然不會問問題、不懂如何與人溝通、害怕吃一點點虧、沒學會尊重別人，只在乎自己的感受，忘了別人的感受，擺明我就是「自掃門前雪」的人，套句不好聽的字眼就是「自私自利，不會和人合作」、「毫無變通」、「顧人怨」的性格。

職場有所謂的「工作倫理」和「團隊精神」，你事事和人切割，不讓人知道，出了問題，如果連主管都狀況不明，使不上力，要怎麼Cover你，協助你收拾爛攤子？如果你什麼都不肯幫助別人，別人為什麼要支持你？協助你？

固然，主管分配工作要明確，每個人做事都要避免撈過界。不過，在一個團隊裡，多的是要互相支援的時候。一個人不願和人溝通，不尊重別人、不肯分攤別人的不方便，自掃門前雪，誰會喜歡和他或她共事？

人是世界的螺絲釘，團隊的一份子。心中有別人，處世能周延。縮小自己，成就別人。積極熱心，進退有節。這樣的行事風格才會受到更多的敬重和歡迎。

一個人的格局有多大，可以從他思考的層面、在乎的層面、計較的層面或者是擔心的層面看得出來。單打獨鬥的獨行俠性格，通常無法融入團隊和人分攤工作愉快共事。唯有敞開心胸擁抱別人兼顧不失自我，才是最好的道行。

每天給自己按一個讚

手該握緊的時候要握緊，手該放開的時候要放開。我給自己按一個讚！

讚・留言・分享　1

幽默的對象與風險

聽說女生喜歡「愛說笑」的男人，而男生則喜歡「愛大笑」的女人。幽默感可以暗示一個人活潑和開朗，也可以象徵一個人健康和智慧。至少，會幽默的人通常比較有創造力，應該沒有疑義。

女人被幽默的男人傾倒的另一方面，也表示這個女人懂得欣賞幽默；反之，如果男人幽默，女人卻毫無反應，不是這個女人不懂得這個男人幽默的「點」在哪裡？就是她對這個男人毫無興趣，甚至有些厭惡。

創造新的幽默，其實很不容易，懂得幽默更難。如果男女都幽默而且生活在一起，一定會真正的開心或窩心，也不會被解讀為「互相挖苦」而翻臉。

但如果一方愛幽默，另一方卻毫無幽默感，弄到最後，幽默只會淪為無趣的東西，甚至是吵架的引爆點。

只有不懂、不愛、不解的雙方，才會把真正的幽默扭曲成故意的挖苦與不尊重。這就是死黨或麻吉的人，互相信任的人，才是幽默的好對象而較少風險的緣由。

西洋人的幽默，常被視為上流社會互動之匙，表示他們不但處在同一個層次，也有相當的感情和默契，不是「鴨子聽雷」而沒有感情基礎的兩造。

幽自己一默，是為自己解嘲紓壓的極佳方式，放過自己饒過別人，學學西方的馬克吐溫、蕭伯納……或是東方的佛印、蘇東坡……也許能給人更有親和力的印象吧！

我的朋友有一回騎他破舊的腳踏車來找我。我說，你的腳踏車看來還很不錯，應該跟你有很長的一段歷史了吧？

他一本正經的回答我說：「沒錯，這腳踏車還好得很，除了該響的鈴壞了不會響之外，其它每一個部分都會咭咭嘎嘎的響不停！」逗得我哈哈大笑。

這個人幽默的點子很多，是個十足的甘草型人物，有了他，包括我，大家都很開心。

一個人活在世上最要緊的是，當厄運臨頭的時候，仍能保持足夠的冷靜，並且在厄運裡，從容的奮鬥。這奮鬥包括常常幽自己一默，扮演人際關係的「甘草」。

除了天生的幽默性格，我們還可以努力觀察和學習別人如何展現幽默，如何談笑風生，如何有一顆幽默超然的胸襟。

每天給自己按一個讚

創造新的幽默，其實很不容易，但懂得幽默更難。我給自己按一個讚！

讚・留言・分享 1

以同理心和人妥協

觀看李四端先生主持的節目，一群年輕人還有他們的家長，一起討論生活中的某個主題，甚至互相吐槽，談笑風生，激盪出不少有趣的火花。

最近的一次，我看了後段的半個節目，談的主題約略是「辦理結婚喜事的甘苦談」。

過來人和即將結婚的當事人，提到最多的問題包括「雙方長輩的觀念南轅北轍、習俗上的要求令人傷透腦筋」、「拍婚紗的爭執」、「印喜帖的格式問題」、「結婚聘金的金額喬不攏」、「喜餅的數量喬不攏」、「請客的桌數喬不攏」、「禮車的台數喬不攏」、「跟不跟公婆住喬不攏」、「結婚後一方要出國進修的問題」、「將來理財責任的問題」、「照顧老人家的問題」……

有的人因為無法達成共識，弄到幾乎翻臉不結婚；有的是結下樑子一直有心結到現在；有的是新娘子偷偷幫新郎湊聘金；有的是先造成事實讓家長反對也沒有用；也有的耐心溝通到皆大歡喜；更有的還沒結婚已經在「算計」對方的家庭，冷戰熱戰都正式開打……林林總總的嘻笑怒罵，坐實了「冤家路窄」、「不是冤家不聚頭」的「天作之合」。

幸與不幸，合與不合，都從早早說要結婚那一刻就種下「種子」，婚姻只是兩個人的事？沒那回事。

如果結婚都沒有問題，那才真是個問題。因為雙方都是「難以啟齒」，最後一旦啟齒，話就不會太好聽，怨氣就會一大堆。

所以，一開始找對象就要擦亮眼睛，「不跳進大染缸沒事，跳進去全是你的事」、「怕熱就別進廚房」，早有這樣的名言。「找一個沒問題的來結婚，總比找一個問題一大堆的，被迫來解決要好得多」。

偏偏很多人想不開「明知山有虎，偏向虎山行」，自己跳進火坑，再喊救命。

好吧！大原則是要「結婚」、「要圓滿幸福」、要「兩家人都歡歡喜喜」。那麼，所有的「妥協」都要以「雙贏而不只是征服對方」為考量才對。

現在贏不表示未來全贏，現在輸不表示未來輸。有的人選擇鋪張，貸款，最後背債，正是雙輸的一種。

簡單說，「婚姻就是一樁冒險的事業」，冒險就有盈虧，如果心態正確，懂得進退，妥協出來的局面大致上就會不錯。

有人可能是自尊心作祟、面子的問題、現實利益的問題、好強貪便宜的問題、封建思想的問題、門當戶對的遺毒……以為妥協就是「認輸」、「退讓」、「吃悶虧」、「被欺負」、「對方沒誠意」、「被下馬威、壓落底」，以至於預設前提，設下種種關卡障礙，堅持如何如何否則免談。

最後只剩下一對新人在奮鬥妥協，兩家人在交火戰爭。弄到尷尬下不了台，這樣的婚禮，就會結得很辛苦。

我喝過一次喜酒，很晚了開不了桌，賓客飢腸轆轆，原來是新郎忘了將老丈人（岳父）的請帖親自送達。據說只是臨時請他老人家先下來某處會合，老人家認為禮數不合，堅持新郎要到他家親自邀請。

新郎沒輒，下班時間，一路塞車過去塞車回來。最後餐廳只好要求先開動，弄得親家尷尬、客人抱怨、新郎疲於奔命，喜宴上只有新娘坐鎮。

這種無法妥協的方式，讓人看盡笑話，統統是新郎粗心，溝通不良，面子作祟，一輩子一次的喜事全被搞砸了。

有一位現場來賓，老先生家長就說：「年輕人的事我們插不上手，說了他們也不一定會聽，所以會選擇尊重他們的決定。只是，像印喜帖等等，如果讓家長完全沒有參與感，印得像賀年卡，連家長的名字也沒印進去，這種喜帖怎麼拿得出去，你說我們老人家會不會很傷心？沒受尊重嘛，新潮也不是這樣吧！」這又是另一種的心聲。

妥協的目的是什麼？是該堅持的部分適當的堅持，該退讓的部分就別計較，顧全自己，也要顧全對方的立場、處境、和感受，才算圓滿。

如果只要人家妥協，自己一點都不讓步，那叫「自私」；如果對方已經讓步，還要得寸進尺，叫做「鴨霸」；如果雙方各退一步，異中求同，創造雙贏，叫做「圓滿」。

妥協是斡旋的藝術，不一定是口才。有時候是態度（好好一句話，婉轉說，就別說得難聽），是行動，是保證，是誠意。有時需要技巧、時機、場合的配合。有時需要第三者的幫忙。有時要以籌碼做後盾。有時單方犧牲退讓，自己想得開，選擇「同理心」而謙讓，自找台階下，就好辦事，也沒事。

閩南語有一句話說：「人情留一線，日後好相看」。若是「贏了幾場戰役，輸了整個戰爭」，怎麼算都划不來。為了「顧全大局」，妥協如果比較好，為什麼不？

有一位名人說，社會上的各行各業，最需要的是協商、妥協，能創造雙贏的人才，可惜大學裡幾乎沒有這種的課程。

在社會上工作，很需要深入學習妥協的藝術，以求圓融。我們常常都需要易地而處，以同理心和人妥協。

每天給自己按一個讚

妥協需要極高的誠意和極大的耐心，學會妥協，等於學會解決極端困難的問題。我給自己按一個讚！

讚 · 留言 · 分享　1

妥協得恰到好處

有一個女生，結婚喜帖都印發了，還在掙扎著這個婚要不要結。她到處去請教高人指點，顯然憂心忡忡，還有很多現實的難題還沒有擺平。

從好的來說，她甚至在路已經走了一半，還保留翻盤的可能，這似乎顯示她不完全非理性的在思考問題；從壞的來說，她可能已經意識到這條路危險重重，勝算不大，毫無把握。

這種行事風格，不是說明這個人生性猶豫不決，一點決斷力都沒有，就是顯示她做事的邏輯大有問題：「為什麼請教高人這件事，在這麼近乎沒有退路的時候，才要急著去做？」「時機的拿捏點到底怎麼了？」

這種矛盾現象，其實不只是她，這位迷惘的小姐而已。我也看過不少人，該猶豫的時候不猶豫，錯過了猶豫的時機點，還在猶豫。

過去，我偶爾也會有這種自找麻煩的現象，後來才漸漸發覺，這是一種要命的性格障礙。

人到底「要向環境妥協？還是要向理想妥協？」

這是個有趣的思考點。我們通常遇到這樣的問題時，如果要放棄理想，就會說：「情勢所迫，我不得不向環境妥協。」反之，如果要堅持理想，就會說：「雖然環境不許可，我還是要堅持我的理想，絕不向環境妥協。」

可見，環境和理想都不是問題，問題是你想不想堅持？想不想向自己妥協？推給外在的因素，是因為我們不想承擔做決定的後果，我們在逃避一個抽象的未來。

妥協，是某種程度的屈服或退讓，當然心有不甘，但妥協卻是一種生存必然的手段。身段不夠柔軟的人，不了解妥協是什麼？好強愛面子的人，不了解妥協是什麼？

當我們評估不妥協的下場是頭破血流，甚至是更大的傷害時，我們為什麼不退讓求全？當我們評估不妥協是百害而無一利時，我們為什麼要堅持下去？

這就牽涉到對事情評估的能力，而這種能力的來源是智慧，是經驗，是自己的體會與將來要不要承受那個結果的決心，旁人很難幫得上忙。

我們的問題常常是「該妥協的時候不妥協，不該妥協的時候你卻妥協了」，所謂命運的分水嶺，也許就在這裡吧！

結婚是何等的大事，審慎思考再下決定是一定要的，其他例如：情敵競爭、出國唸書、投資事業、家人關係、社會互動……也是。

「要不要放棄眼前利益，以實現未來更大利益」，都是一種「天人交戰」的自我拔河。

我對妥協的淺見是，別先問要不要妥協，要先問自己的「大局」放在哪裡？以前面說的那位小姐為例：「若幸福是唯一的大局，則其它的因素，都會變得微不足道。如果眼前的利益是唯一的大局，幸福與否就只能當作一個賭注了。」

人生就是這樣，你不能「全贏」，你也未必「全輸」，輸贏的機率各自存在，「**風險總是和智慧成反比，越有智慧風險越少，越無智慧風險越大。**」

妥協該考量的除了那個「可能的結果」，還有一個很重要的是「時機的把握」。

我不善於妥協，但我知道妥協是一種高明的生存藝術，「永不妥協的人」和「永遠都亂妥協的人」，同樣是危險一族。

解決問題要先收集事實，進行評估，決定步驟。妥協得恰到好處，「不傷害別人也不傷害自己」，才是最佳、最公平的狀態，這也是我一生都在學習的功課。

每天給自己按一個讚

妥協就像拔河，輸贏往往決定在一瞬間。在適當的時機妥協，才能保住最大的利益。我給自己按一個讚！

讚・留言・分享　1

留一些退路才有活路

格友A小姐來信說，她快要結婚了，但是，還有很多和準新郎的觀念喬不攏的問題。

譬如，男方的家庭要她結婚後放棄工作，做個全職的家庭主婦，讓她覺得委屈。她說：

「這個即將把我推入家庭的男人，難道，我非得嫁他不可嗎？」「我會不會被那個家綁死？悶死？」

「這個男人會不會太自私，忽略了我的感受？」

她這麼說倒讓我想起，多年前，我認識一位女性的作家朋友，言談之間，她總是認為，身為有能力的女人，結婚之後，絕對不能被廚房困住，埋沒人才，逐漸變成與社會脫節的黃臉婆。

她是女性主義的支持者、崇拜者，男女平權的擁護者。聽她的言論，常常覺得：「我們的社會一直都是封建的大男人沙文主義社會。」

「男人是欺負女人的兇手。」

「女人的青春毀在男人的手裡實在沒有道理。」

無論性別，只要是埋沒人才，都是值得惋惜的事情，唸到碩士博士，不學以致用，絕對是個損失。

我一直在觀察社會風氣的轉變。譬如以前在電視節目教人家做菜最有名的是傅培梅女士，之後出現的料理老師也都是女性居多。

幾年之後，男生掌廚大談做料理的卻越來越多，五星級飯店大廚或是像阿基師的大廚，也紛紛在螢光幕前現身。

性別哪是問題？手藝才重要！限制性別適合作哪個角色，必然是很不可取的偏狹。

話說我那位女性的作家朋友，早已著作等身家喻戶曉，我始終好奇的是，當年那麼堅持的對我說「女性當如何如何」，「有能力的女人，為何要被廚房綁住？」的她，現在還堅不堅持？

直到有一天，我在一家報紙副刊發現了一整版專訪，細說「名作家的私房菜」，赫然發現竟是她的大作，還圖文並茂的秀出了幾道得意的菜色，不禁啞然失笑。

一個才氣縱橫，不屑入廚，主張女人遠庖廚的大作家，什麼時候變成了「很有做菜心得的大廚師」？我差一點沒從椅子上跌下來，哈哈哈的大笑三聲，只覺得怎麼前後差那麼多。

時間會改變一個人的想法，甚至讓人放棄以前的堅持。這是什麼？這就是「妥協」吧！

妥協不一定是向現實低頭，而是你發現了一件原來「沒有什麼意義的事情」，現在變成「很有意義的事情」了。於是你心甘情願的捨棄原先「自以為是的堅持」，還樂此不疲，引以為榮。

想像一下，一個女人、妻子、人母、人媳這樣的角色，心甘情願的煮著豐盛的料理給家人享用的幸福感，跟自己滿懷無奈委屈的像台傭、菲傭、印傭這樣的下人，煮東西給人家吃的心態相比，雖然都是在做同樣一件事，兩者的心態卻差了多少？

一個做媽媽的，看見自己的孩子吃得津津有味，高興都來不及，哪還會去想屑不屑下廚房，計較下廚房會埋沒才華這檔事？

不會，一定不會，你說呢？

人都在「妥協」中成長、成熟、隨順命運的安排。妥協不只是表面上的「改變」，也是心態上的「認可」、「歸屬」。

對於還沒到來的事情，過早預設立場，把話說得太滿，有時候會變成自己打自己嘴巴的人。

一個人向婚姻妥協，向命運妥協，向自己的死對頭妥協，向任何坎坷的命運妥協，都是極其可能也相當自然的行為。

只是，妥協的時候，要經過縝密的衡量，心態的調整，不怪天，不怪地，不怪人，不怪環境。

要不要「逆來順受？」「打折接受？」「矇眼承受？」「寧死不受？」還是「歡喜接受？」每個人都有自由。

格友chiao說得好：「**成熟的人會肯定自己的決定，不成熟的人永遠不相信自己的決定。**」每個人都需要留一些退路才有活路可走。

例如下棋的時候，沒預留退路，就會被逼進死胡同。沒有讓幾顆棋子，就吃不到別人的棋子。妥協是進與退、攻與守的藝術，一旦做了決定，就只能「起手無回大丈夫」了。

你的性格將決定你的命運，你的心態將決定你的人生，你的角色轉變也會讓思考點跟著轉變。

每天給自己按一個讚

妥不妥協，沒有老師，只能問自己！我給自己按一個讚！

讚．留言．分享 1

Optimism

第5大讚

面對陽光，正面思考。

我能找到出路，我給自己按一個讚！

走出仇恨，找到人生的方向

我在英國時認識了一位叫「吉姆」的男孩，大約二十五歲，英俊挺拔，長相斯文，有書卷氣，是一個道地的British。猜想大部分的人看了他第一眼，或是和他說上幾句，都會留下好印象。

他是我的好友E先生最麻吉的朋友，經由這層關係，我在和他不熟的時候，就聽聞了一些關於他的經歷個性，還有一些生活情形。多次出遊，上教堂，通電話之後，我們逐漸熟稔，聯繫的機會變得越來越多。

好幾次在吉姆的租屋處等E先生，或三人從市區回來先到他的住處閒聊，已成為我們互動的自然的模式。

儘管我和E先生都不是教徒，我們還是常常利用晚上到教會去和他的朋友湊熱鬧，包括打桌球、玩積架、擺龍門陣、喝飲料，聊一些年輕人覺得有趣的事情。

印象中，吉姆喜歡古典音樂，愛煮咖啡，每次去他那裡，老遠就可以聞到他煮著咖啡飄出來的香氣。

閒聊時，他常一面忙著咖啡的事，一面忙著端出精緻的甜點，貼心的服務，常讓我心中浮現英國紳士的圖像。

吉姆的宿舍都是些典雅溫馨的暖色系，擺設給人妥適的印象。桌椅、桌巾、杯盤、飾物，小畫，無一搶眼卻有貴族式生活的品味。

書架的其中，一格放著據說是他母親年輕時的照片，笑容可掬，雍容慈愛，旁邊還有一些靈修、心理學、精神分析、激勵人生的書籍。

靠窗口的地方，窗巾迎風飄蕩，微涼，靜謐，負笈他鄉學子的宿舍，早已透露出「善於理家」的氛圍。

一個人也能生活得如此井然，我暗自佩服。

有一回，我先到吉姆家等E先生，不巧E先生臨時有事不能來。我想既然這樣，就不便多打擾。當我準備起身時，吉姆卻盛情的勸我留下來聊天。

第一次單獨和他談話，他從書架取下一本中文版的《聖經》，遞到我的手上說：

「我知道你不是教徒，不過這裡面的嘉言集很好，我想你可能會喜歡。」

我以驚奇的口氣問他：「你也讀中文嗎？」

他搖搖頭說：「沒那麼厲害，這是一位懂中文的朋友送我的，本來想拿來對照英文版閱讀，結果發現太難了。剛好你來，想送給你做紀念，這可能是個好主意。」

我翻開〈箴言〉，告訴他我讀過，裡面的詞句很深刻，我很喜歡，但是家鄉裡已經有一本。

氣氛投緣，他說：「事實上，我以前是一個很不快樂，很孤獨，又充滿仇恨的人，除了我母親，我不喜歡接近其它的人，尤其討厭我的爸爸。」我無言的看著他想聽他說下去。

吉姆不諱言的告訴我，小時就知道，父親是一位不負責任的人，外面有很多女人。鬼混到常常不回家，回家就向媽媽伸手要錢。吉姆那時就想：

「為什麼他不自己去賺？為什麼要酗酒？為什麼不關心這個家？」

印象中，有一次媽媽因為他要粗暴，和他吵了一架之後就離婚了。自此以後，我很少看見他的身影，對他的印象隨著時日越來越模糊。」

「每當我看見媽媽一個人為我辛苦工作，就無法不去恨我的父親。可奇怪的是，媽媽好像一點都不恨他，還故意對我說他的好話。如果我多問，她甚至要我學著她去原諒我的父親，我不懂媽媽在想什麼，只是很疑惑，為什麼人不可以恨？不可以討厭一個人？我的童年過得不太開心。」

「你說你的媽媽做什麼工作的呢？」我好奇的問。

「她是醫院的資深護理，當年，她值夜班的時候，我必須一個人乖乖的在家裡看書。除了看書，我沒別的事好做。因此我的恨一直都無法拿掉，有時還偷偷的羨慕別人有個愛家的爸爸，我下了一個決心，這一輩子都不要原諒父親。」

「現在，你還堅持不原諒嗎？」我接嘴。

他笑了，溫和的說：「沒有。三年前，我就放棄了這個念頭，我選擇原諒他，和我的媽媽一樣。」

「原因是？」

「原因是在一個偶然的機會，我成了基督徒，我開始讀聖經，聽佈道，也開始了解寬恕別人的意義。我們連陌生人，甚至敵人都要努力去寬恕，何況自己的父親。人都有犯錯的時候，犯錯的人是病人，他心病了，找不到方向，不知道要贖罪，如果不能救他，也要因為他而醒過來，開始救自己。」

「救自己？怎麼救？」我問。

吉姆說：「心中有恨的人，其實已被自己『心的地獄』給困住了，這樣的人很辛苦很可憐，有的能得救，有的一生都不能得救，如果我沒有成為基督徒，我可能會因為我的家庭而變成一個可怕的人。」

吉姆還說：「身為單親家庭的小孩，我最了解同樣單親家庭的小孩，心理所遭受到的傷害。這些小孩遇到了一個很值得同情的不幸，像我一樣。應該有人來幫助他們脫離痛苦。」

經過那一次的談話，我對吉姆的勇敢、堅強、和悲憫，有了更多的了解。在我要回台灣而專程去看他的時候，他說，他想畢業後到偏遠地區的教會去工作，這一生他最想做的事。

他要幫那些單親家庭的孩子走出仇恨，找到人生的方向。要以自己的親身經驗，告訴他們如何懺悔，如何寬恕，如何找回自己，逃開仇恨的枷鎖。

我記得吉姆說：「因為自己苦過來，最知道受苦的人內心的感受。」「如果能幫他們早一點離開那些苦，他們就不必像我過去那樣，被苦困住那麼久」。

《法華經》說：「不怕無明起，只怕覺照遲」、「願以大慈悲，廣開甘露門」，像極了這篇文章裡吉姆最後的決定。

每天給自己按一個讚

《泰戈爾詩集》說：「願生時如夏陽，死時如秋葉」。我很慶幸能認識吉姆，我給自己按一個讚！

讚 · 留言 · 分享 1

用柔軟的方式，釋出強勢的訊息

電視舉辦「明日之星歌唱比賽」，主持人胡瓜訪問優勝者許先生時問他：「聽說你對評審很有研究，你能說說看，你研究出了什麼嗎？」

許先生說：「我研究出陳○○評審重視口氣、丁○○評審重視感情、許○○評審重視層次、羅○○評審重視聲音的辨識度、林○○評審重視演出者的舞台效果。」

許先生參賽的經驗相當豐富，他這麼一說，引來全場觀眾會心一笑，連評審也笑得合不攏嘴。電視機前觀眾的我，對他的觀察入微也產生了興趣。

事後，我對這件事歸納出底下幾個值得思考的點：

一是他從歷次評審的講評當中，研究出每位評審「專注的部分」，也做了一定程度的掌控，他清楚充分的明白，每位評審要求的是什麼。

二是通常只有評審在解剖演唱者的演出功力，他卻反過來解剖評審的觀點以及他們心中的專業。

三是他透露「我在乎你的在乎」、「我也以專業在演唱給你們看」的信息。

四是他隱約的透露給評審知道，我的歌唱隱含了你要的細節。

五是他「用柔軟的方式，釋放出了這個強勢的訊息」。換句話說：「我讀懂了你的心」，只是我不知道你要給我打幾分。

日常生活也好，上班工作也好，我們都會面臨各種想像以外的挑戰。其中，暴露在別人的評價當中，也是一種殘酷的現實。

如果我們釋放出了「弱勢」的信息，可能會「被看扁」、「被歧視」、「被欺負」、「被淘汰」。示弱有時候會被解讀為「能力差」而不是「你很謙虛」。

反過來說，如果我們釋放出了「強勢」的信息，你也可能「掩蓋了別人的光芒」、「威脅了別人的機會」、「被認為自以為是」、「沒內涵」。

因此，無論你「示強或是示弱」，都有它的風險。東方式的教育法，似乎偏向「只要你有能力，遲早人家會發現你」。西方式的教育法，則強調人要

「毛遂自薦」，要「提高自己的能見度」、「要爭取任何可能的機會」、「要展現自信心和企圖心」。

我們處在稍顯保守，或難以接受個人自我表現的傳統社會，如果拿西方那一套方式生活，你可能會招致一些麻煩。

經過多年觀察，我發現了「用柔軟的方式，釋放出強勢的訊息」這個處世的秘訣。以「不著痕跡」、「穩中透強」、「謙虛中透露強勢企圖心」的方式推銷自己，就像許先生那樣，間接證明自己有實力、有備而來、不是滷肉腳。

縝密的觀察力和反應力，能使我們從不利的位置，扭轉乾坤到一個有利的位置。難怪相撲選手、羽球選手或桌球選手，都要前後左右快速移動腳步，迅速調整位置，就是要掌握進可攻，退可守的優勢。

每天給自己按一個讚

表面上好像環境在支配我們，實際上我們也在支配環境。我要借鏡人生，調整身段。我給自己按一個讚！

讚・留言・分享 1

向日葵花與菱角花

很多人知道向日葵花會逐日，卻不一定知道菱角花會逐月。同樣有向光性，一個向的是日光，一個向的是月光。大自然的奧秘，總是讓我們嘖嘖稱奇。

據說過去的中醫，從易經裡面得到了靈感，知道「宇宙是一個玄妙的結構體」，在各種「軌道時序」中默默運行或幻滅，而人體本身，幾乎可以比擬成另一個小宇宙體。

無論情緒的流轉，新陳代謝的運行，五臟六府的生滅，都有一定的「軌跡和秩序」。透過這樣的譬喻，很多撲朔迷離的疑惑，調理疾病的方法，中醫研究者終於豁然明白。

天地之間，有一個看不見的道理，主宰著人的生命或運勢，這個道理在

「趨勢論」中有很多探討，趨勢專家從過去洞見未來，根據一些歷史的軌跡，經驗法則，釐清一些錯綜複雜的現象，整理出一套清晰的脈絡。

中醫問診，就是透過入微的觀人術，覺察出病情的輕重緩急與部位臟器的變化。

我們常說：「勢不可擋」、「大勢已去」、「有權有勢」或「屈居劣勢」……那麼，「勢」又做什麼解釋呢？

有一本書這麼說：「勢者力也，順勢者省力，逆勢者吃力，劣勢者無力。」有勢者擴張版圖，無勢者等著挨打或被消滅。如果能在被消滅之前，蟄伏一段時間，重整實力，等待機會，還是有機會翻盤而重掌優勢。

人和疾病的戰爭就是這樣，勢主導一切。人贏了就健康，敗了就生病，生病了就要講究「調理」，調理除了吃藥，還要自我調整情緒、作息、飲食，讓身體回復到氣血兩旺，生機無礙的平衡狀態。

中醫知道，天道難違，無論飲食起居，說話做事，甚至於連搬動一塊石頭，都要順勢而不能逆勢，要憋氣而不能岔氣，不然，整個人體的這個宇宙，就會立刻發生運轉上的困難。

人不能逆天而行，該吃的時候不能不吃、該睡的時候不能不睡、該休息的時候不能硬撐苦撐，作息也不能陰陽相反、日夜顛倒。

所謂順天，就是順應大自然的真理。一個再強悍的人，三天不睡，無法無天，要不發狂也難。

如果說順天，那麼，講道理就是順天，通人情也是順天，重養生也是順天，為了自己的利益不要去傷害別人的利益，也是順天。

古代就有「順天者昌，逆天者亡」的明訓。治病，先講醫理；生活，先整條理；做人，先有情義；做事，求合理。這才符合中醫說的：「**人之所依者，形也；亂於和氣者，病也。**」的說法。

形之不形，氣之不氣，則勞形而洩氣，頽敗而消蝕。向日葵花不向著月亮，菱角花不向著太陽，因為他們知道，生存要順應天意的安排，不然，他們會很快的從這個地球上的某一個角落悄悄的消失。

向日葵花無須譏笑菱角花的暗夜情痴，菱角花也不必訕笑向日葵花的烈日狂戀。我們也不能拿自己的標準來丈量別人。

從花看人，無論逐日逐月，都是歡喜因緣，沒有誰對誰錯。

現在的學生選擇熱門科系或是冷門科系，也是同樣的道理。冷或熱的說法，通常只是以世俗眼光，根據過去的經驗所產生的定見，不一定適合於所有的時間和任何人。上一代的人認為電腦是冷門科系沒有出路，這一代的人卻認為電腦是熱門科系，不學電腦就沒出路。

林書豪打籃球如魚得水；菲爾普斯在游泳領域發揮長才；老虎・伍茲、曾雅妮在高爾夫球界名揚世界；吳寶春靠麵包拿到世界第一；魏德聖拍出了高票房的電影，人各有志，行行出狀元，就好比向日葵花與菱角花一樣，適性發展最重要。

每天給自己按一個讚

每個人都不該看輕自己，反而要期許自己。我不拿自己的標準來丈量別人，我給自己按一個讚！

讚・留言・分享　1

亂世突圍，建立個人品牌

多年前，韓劇《冬季戀歌》風靡一時，《紐約時報》估計，這部片子的第一男主角，裴勇俊的身價，高達新台幣七百億元。拜這部韓劇走紅之賜，使他的「品牌價值」水漲船高。

「品牌價值」這個概念，不只適用於談論裴勇俊、林志玲、蔡依林、羅志祥、周杰倫……等影歌紅星，也適用於企業識別系統，甚至公司裡的員工個人，都有品牌。

換句話說，其實人人都有他的品牌價值。所以能創造商機的，是上升的品牌價值，不能創造商機的，是下降的品牌價值，最差勁的是，歸零的品牌價值，那是負債，不是資產。

有一家大家耳熟能詳，老外在台創立的披薩品牌，據說一轉手就是數億元成交。可見，品牌價值不可輕忽。

但你也應該聽過，某些經營不善的公司，最後品牌淪為一文不值的，例如有幾家健身運動起家的企業品牌，在如日中天時驚傳倒閉而成為消失品牌，昨日黃花。

每次的金融動盪，經濟洗牌，我們都會看見一些企業新品牌的崛起與另一些舊品牌的沒落。

至於個人的品牌，我們同樣可以從媒體中看見政治人物、藝人、運動選手、商人、外交家、藝術家、學者、職場工作者的起起落落。有的因為表現好而聲望如日中天，有的因為表現差而聲名狼藉。

建立個人品牌離不開「外型的加分」、「專業的提升」、「情緒的管理」、「溝通的手腕」、「熱情的指數」、「禮貌的表現」、「解決問題的能力」、「工作績效與產值貢獻」、「未來發展的空間」、「個人的信用與名譽」、「自我調整或反省的能力」、「危機處理的靈活度」、「對企業的忠誠度」、「時間金錢形象的投資」、「口耳相傳的口碑」……

鑽石的品牌，有鑽石的機會；黃金的品牌，有黃金的機會；沒有品牌，沒有機會。

這個時代幾乎就是一個品牌的時代，我們或許需要更積極的去思考一個問題，究竟在別人的心目中，我們是個怎樣的品牌？

如果你要向銀行貸款，銀行怎麼看你？如果你要找對象，異性怎麼看你？如果你要去應徵一個工作，那家公司怎麼看你？如果你要在一個團體中立足，這個團體的成員怎麼看你？

有一個機構動員了很多人，花了整個月的時間來排骨牌，卻只用了極短的時間就推倒了那個骨牌。品牌就像骨牌，排起不易，但一推就倒。

亂世謀生困難，突圍不易。無論你在什麼位置，想往哪裡走，遇到什麼困難，想得到什麼奧援，都無需猶豫，一切都從建立個人品牌開始耕耘吧！

一位韓劇超偶就有幾百億的品牌價值，一個公司的商標就有幾億的品牌價值，這些價值，都是靠聚沙成塔，聚水成河，聚時間成就不凡的。

這是一個形象包裝掛帥的時代，有好的內涵還不夠，還要有好的包裝和好的行銷。

所以，勤勞是個人品牌、值得信任是個人品牌、親切是個人品牌、效率好是個人品牌、能力好是個人品牌、讓人安心是個人品牌、經驗豐富是個人品牌、個性善良是個人品牌、人品好是個人品牌、負責任是個人品牌……

經營個人品牌，只能從每一個小地方做起。

每天給自己按一個讚

品牌就像骨牌，排起不易，但一推就倒。我重視品牌，我給自己按一個讚！

讚・留言・分享 1

人會因為有用而得到更多快樂

有一家規模很大的貨櫃倉儲公司，董事長是一位七十多歲的女性，在接受電視專訪時，主持人問她：「經歷了這麼多年的打拼，創造了這麼大的事業版圖後的今天，能不能請你用一句最簡潔的話來說明，在妳心目中，什麼是妳認為人生最重要的事情？」

這位頭髮斑白，說話聲音宏亮，看起來神采奕奕的女企業家，不假思索的說：「**我認為有兩件事比什麼都重要，這兩件事就是『快樂』和『有用』**」。

我很仔細的聆聽她的說明，她舉例說，幾年前，她的子女勸她到美國去過退休生活，好好的頤養天年。

她被說動了，心想反正公司上了軌道，有不錯的專業經理人在管事，一切不再需要她操什麼心，每年都有持續的業績成長。

何況，她也覺悟到，人年紀大了，不可能無限度的在事業上拚鬥，體力總會有個極限。結果只去美國住了三個星期，她又決定回來。她說：

「在美國的那一段時間，什麼事都不必做，三餐有人伺候，出門有司機，用錢也不愁，照說過的應該是人人都羨慕的退休生活，沒想到剛好相反。經過一番思考，結論是我失去了人生最重要的『快樂』和『有用』這兩件事，因為沒有用，所以不快樂。」

「在台灣的時候，我有很多會要開、很多客戶要接洽、很多突發狀況要處理、很多決策要擬定和推動，朋友又多，生活很忙很熱鬧，我還身兼一個公益團體的代表，負責社區環境的服務，雖然只是指標性的工作，卻感覺很有意義。加上自己很喜歡推動客語教育，常常和一群志工研究如何保留客家文化，那種感覺，跟年紀老不老，一點都沒有關係。」

「到了美國之後，突然覺得自己很沒有用，也變得很不快樂。這時我很確定，我絕對不適合過這樣的生活。因為，物質一點都不能填補我精神上的空白。」

「現在，我又找回了真正的自己，我每天既快樂又有用。忙碌和辛苦如果有意義，第一個感覺是自己很有用，隨之而來的感覺是自己很快樂。」

女企業家忙得起勁，說得快樂。沒錯，人要有用，先要有能力，能力是靠磨練得來的。無論是：專業能力、人脈經營能力、跨國擘畫能力、危機處理能力、語言溝通能力……樣樣都要從實際的工作中去體會。

當一個大事業的掌舵人，更需要全方位的能力，才能在事業佈局，人才運用，資金調度，國際大環境中，審時度勢，遊刃有餘。

「有用」這兩個字，延伸出很多的想法。人如果懶惰，就不會有用；如果沒有熱情，就不會有用；如果沒有能力，就不會有用；如果不受歡迎，就不會有用；如果不被信任，就不會有用；如果沒有健康的身體，就不會有用；如果修養不好，就不會有用；如果……就不會有用。

這些是有對稱因果關係的。有用的另一層意義就是有價值，有產能，有產值，能扮演一個好的角色。

這位老太太，不，這位年長又不肯退休的女企業家，用她的行動，告訴我們一件事——先求「有用」，「快樂」自然隨之而來。就像她說的：「**一個人的熱情在哪裡，成就就會在那裡。**」養尊處優，人會找不到熱情。

有一位老太太在醫院裡當清潔工，每天拖地打掃，非常辛苦。為了改善家裡的經濟，她不敢請假，不敢馬虎，保住這個工作對她來說很重要。可是幹粗活對上了年紀的人來說，的確吃重了一點，有時她不免怨嘆幾句。

某日，她對一位工作夥伴說，自己真是歹命，做得要死，不知哪天才能休息。她的夥伴卻指著一個被推著走，躺在病床上的病人說：

「這個人躺在床上什麼都不必做，你認為她很好命嗎？」

老太太終於展露笑容說：「人不能動真是歹命。看來一個人能工作，還有用，反而才是真正的好命，我算很幸運了。」

人比人才知自己很幸福，這是個真實的故事。

每天給自己按一個讚

一個努力付出的人，必定是個快樂的人。要快樂，就要先讓自己變得很有用。我給自己按一個讚！

讚 · 留言 · 分享　1

沒有一件事會因你的恐懼而停下

讀書會上，T說了一個發生在她朋友身上的故事。

一位經歷失敗婚姻的單親媽媽，一再告誡她的女兒：「男人其實不太可以信任，他們不是經不起外界的誘惑，就是主動的往誘惑靠近，然後偏離航道，忘了自己的責任。要切記，最可靠的是實力，尤其是財富的實力，捨掉財富，妳的保障將蕩然無存……」

一朝被蛇咬，十年怕草繩的單親媽媽，說話不是無憑無據，也不是故意誇張，她在敘述她的認知，她是目擊者，不！她是羅生門悲劇中的受害者。

這位單親媽媽為她的女兒，播下「靈魂制約」的種子，長期灌溉「疑慮」的肥料，少女長大之後，果然堅強獨立，加上面貌姣好，小有儲蓄，身邊追求者眾星拱月。

但一心拜金的她，挑挑揀揀「望盡千帆皆不是」的結果，找是找到了 Mr. Right，一揭曉才知道，這個人的特色是：「鈔票好像很多、年紀保證很大」。

她知道，年齡相近的小夥子存款有限，不然早已死會。既然金錢是選擇對象時的首選，年齡差距，差個幾十歲哪會是問題？感情淡薄，毫無基礎哪會最重要？品德瑕疵，為人輕薄哪能都兼顧？萬般皆下品，唯有錢是神，錢是信仰，看在錢的份上，不選金庫要選誰？

T分析說：「這故事的結局，不一定是悲劇，卻充滿著悲劇的伏筆；就像有人抱著火藥睡覺，也不一定會爆炸，只是隨時隨刻有可能會被炸得粉身碎骨吧！」

你也知道，受傷的靈魂總有她不能觸碰的傷口，不能觸碰的傷口往往會再招來另一個連環爆的傷口……循循環環的扭曲，一步步的錯誤，悲劇不斷，連續劇不斷。

那位少女依著媽媽為她寫好的腳本，走她的拜金人生路，向魔咒繳械臣服，有如可憐的閨中月，室中花，豈知這樣的邏輯，怎防得了世路多崎嶇，未來多兇險。

讀書會上，T問我：「不能觸碰的傷口，是宿命的魔咒嗎？如果是，人要怎樣從宿命的列車上跳車逃命？」

我回答她：「宿命之所以是宿命，是因為我們往往被自己的習氣和觀念綁架了，我們若放不掉可怕的習氣，就逃不掉可怕的宿命。」

譬如說，一位提著三萬塊高級皮包才能出大門的太太，你叫她提一個三百塊的皮包出門，那你簡直是要她的命。這就是習氣！習氣是一條看不見的繩索，它綑綁了眾人的心，也綑綁了眾人的命運。

日出日落，花開花謝，沒有一件事會因為我們的恐懼而停留下來。

每天給自己按一個讚

平常心能使我保持頭腦的清醒，避免一時的衝動而和魔鬼打交道。我給自己按一個讚！

讚・留言・分享 1

「瞬間的幸福」是多麼美好

日本新銳作家吉本芭娜娜，在她《虹》的作品中，描述一對情侶並肩看海的情形，突然讓她覺得，這「瞬間的幸福」是多麼美好，像蜂蜜一樣甜蜜，應持續下去。

可是她也深深的明白，再美好的瞬間，也會起變化。

我也曾經有過類似的經驗，那是在橫濱的海邊拍照時，看見好幾對情侶在那裡依偎低語，吹著海風，看著船進船出。

我想像著這些「靈魂伴侶深情繾綣」的畫面，心思跳接到英國詩人葉慈的文字：「**凡美麗終將漂流。**」心中不禁升起一種「**幸福，你應該停下腳步，你不能走！**」的感動或感嘆。

英國的「感傷主義」，據說起始於知識分子，文學創作者，憎惡社會的虛假粗暴，同情人的軟弱不幸而發展出來的一種文學形式。

這類作品散見於日記、隨筆、抒情詩、遊記當中，抒發真摯的情感、心中的呢喃、眼角的淚水，刻劃各種細膩的情感。

這些瞬間的幸福，是不是因為瞬間的「停格」而更加絕美呢？有誰能留下那時空當下醉人的唯美？

幸福是吉本芭娜娜想要隱喻的彩虹嗎？幸福的元素是瞬間燦然的燈火嗎？它存在天邊？還是就在我們的身邊？

人活著只要有痛苦，一定也會有幸福。世間沒有全然的痛苦，也沒有全然的幸福。因而，僅有的瞬間，我們也要當它是心中的永恆。這樣無論什麼微小的，瞬間的幸福，都將變成我們心中「最美麗的停格」。

人生就像一列只能前進不能後退的火車，不斷的進站出站，停停走走，走走停停。對的事情如果不去做，就會變成不對的事情。

例如某甲該求婚的時候沒求婚，錯過了因緣，幾年後如果乍回頭，沒求婚這件事就會變成錯的事情。瞬間的幸福，是永遠陪伴著我們的天使，是生命的印記，是甜蜜的蜜糖。

人生就像鐘擺，一下子不快樂，一下子快樂，這是因為我們的心情隨著種種遭遇，不斷變動的關係所致。變動中，我們是悲觀還是樂觀，正左右著我們心情的好壞。

每個人的生命中，都有自己的天使。我們無須貪求，也不必認為別人比我們幸福。

日本有一句話說：「要懂得閱讀空氣」，翻譯過來就是，要察言觀色，讀得懂當下的氣氛。

六祖慧能說：「命實造於心，吉凶唯人召。」大意是命好命壞和自己的心念很有關係。林肯也說：「每個人都可以決定自己要過得多快樂。」

我們不能老是活在別人的劇本當中，我們要不斷的為自己加油，為小小的進步鼓舞。

每天給自己按一個讚

世間的幸福會變動，只有確信的幸福才不會改變，也不會消失。我給自己按一個讚！

讚・留言・分享 1

給自己喘口氣的機會

朋友臨時打電話給我，說要去歐洲自助旅行。我很訝異，這個人不是天天喊忙，時時都在開會、出差、加班……連回家吃飯都很少的嗎？

有一回，我勸他該休息的時候就休息，他還說：「這一輩子都沒那個命！」我提醒他：「人不是機器，錢也不一定要賺多少才算贏，生活品質好一點，開心一點也很重要」，他總是有一千一萬個「人在江湖，身不由己」的理由。

以前我也和他一樣，立志這立志那的，說穿了就是「不服輸」、「要拚才會贏」的想法作祟，直到某一個階段，看見了別人的人生，才漸漸體會到，認真生活，還要給自己喘口氣的機會，或是，給自己開創另一種生活面向的機會。

這樣的想法，直到我去歐洲自助旅行和後來去國外念書之後，才更清晰鮮明的成為一種「觀念」。

人生如浮雲，我們看見的世界，真的只是片段的風景，這也使得我們的想法，很可能只是侷限在一個「不見得夠宏觀」的視野。

這位剛要去歐洲自助旅行的朋友，為何能有這麼重大的轉變，老實說我也很好奇。

後來從他太太的口中聽到了真相。

原來，他拚命賺的錢，在金融風暴和股市重挫中大量流失了，加上操心操勞過度，生病住院了一段時間，現在體力大不如前，才有「不如去看看外面的世界」之想法。

自助旅行是個挑戰，挑戰自己的體力、應變力、語言力，或者說，考驗自己看不看得開？

你不在你的工作，地球照樣轉動，太陽照樣從東邊出來，你的事業照樣不會倒塌，因為你只是忙裡偷閒，只是為了不捲入工作的漩渦而窒息。

以為沒有自己一定不行的錯覺，總是會讓人疲於奔命。

一種想法，決定一種人生的過活方式。有人瀟灑過日，有人勞碌一生，這不一定是「環境所迫」，極可能是「自己所逼」。

為什麼不給自己喘口氣的機會？你真的要過這樣忙不停的人生嗎？我這樣問自己，也問您。

大部分激勵人生的書籍，都在強調努力再努力，學習龜兔賽跑故事裡的那隻烏龜，有的還強調人家休息你不休息。這樣的刻板印象，會不會誤導一些人「對休息產生罪惡感」而忽略了人不是機器，就算機器也得休息。

為了充電、健康、生活品質、性靈、人際關係、家人、怡情……的理由，喘口氣休息一下，其實意義非凡。

我欣賞西方人「慢活」、「樂活」的生活態度，「用適合自己的步調來面對工作或休閒」。

每天給自己按一個讚

善待自己，不要壓縮自己的空間，給自己喘口氣機會，才能活得更優雅，更瀟灑。我給自己按一個讚！

讚・留言・分享 1

慢慢來，我不趕時間

最近無論走到哪裡，都盡可能的對人說：「慢慢來，我不趕時間！」這是因為我在進行一種減壓訓練，讓「不趕時間」變成一種「舒適的常態」。

下雨天我喜歡搭計程車出門，上了車，我會說：「慢慢來，我不趕時間！」然後仔細觀察司機的反應。

有的司機會說：「對啊！安全第一。」有的則說：「天雨路滑，慢慢來是對的，所謂欲速則不達。」還有的「嗯！」的一聲，照樣加足馬力飆速狂奔。沒辦法，個性使然。個性，決定命運。命要變好，「效率高、品質好」有時候比「快」實際得多。快不一定好，慢也不一定不好。如果能慢，就不要快。如果不能慢，也要快得有道理。

譬如說搭電梯，當大家擠成一團時，若有人急急忙忙的硬擠進來，我會退出來，並且說：「我不趕時間，你先上好了！」然後等下一班。

有趣的是，對方通常會喜出望外的直說：「不好意思」或「謝謝」。這時，我完全沒有權益受損的念頭，反而覺得鬆了一口氣。

每個人的習慣不同，快慢的感受也不一樣，但我們幾乎可以確定，「急驚風」的人，心臟一定不好，因為他的心臟長期處在一種「高壓」的狀態之下，血管賁張、血壓上升、瞳孔放大、肌肉緊繃、新陳代謝加速，自然會形成精氣神的過度虛耗。

過去中醫有一種說法是，慢性病很難醫，甚至沒藥醫，因為慢性病是「累積出來的疾病」，如果無法去除病因，如何能改善症狀？

特別是夏天的時候，擠電梯的滋味真不好受，萬一有人一身臭汗，一身雪茄煙味，或散發出濃濃的髮膠、怪味古龍水，我就會有「上了賊船，度秒如年，無處遁逃」的苦惱。

「慢慢來，我不趕時間」，通常我都是幫別人舒緩緊張情緒的時候使用；至於遇到那些辦事慢吞吞的公務員時，我的這一句話會轉向身旁一起排隊的人說。因為辦事者的「牛步」，預料會激發排隊者的「急躁」，呈現一種對照性的情緒反射。

將「慢活」的心態注入生活裡，心浮氣燥就會遠離，心血管疾病的發生率也會降低。蘇格蘭經濟學家，亞當・史密斯說過：「還有什麼能比健康、沒有債務、心安理得的人更快樂的？」

慢慢來，我不趕時間，我拿這句話來磨練自己的耐力，同時緩解不必要的焦慮，事實證明，慢慢來的心態，好處很多。

有一次，一位高中生和我一起畫畫，他說以前他最大的問題是靜不下心來好好的觀察、好好的構圖、好好的調色，甚至好好的思考，然後畫完一張畫，沒耐心就是沒耐心。

我問他現在變有耐心了嗎？他點頭說有。問他如何辦到？他說：「把時間還給自己就行了。」

原來，我們做A這件事情時，心裡想要趕著去做B，做B時又想要去做C，都不給自己時間好好的做現在正在做的這件事，所謂「趕時間」常常是沒耐心的一個藉口。

每天給自己按一個讚

我要讓時間停格，把時間還給自己。我給自己按一個讚！

讚・留言・分享 1

翩翩起舞的幸福人生

一位英國八十八歲老翁，苦練芭蕾數年，終於成為芭蕾舞演員。

戴著一頂扁平帽，束著綁腿，風度翩翩，動作看起來還算靈活的這位「老紳士」，站在一群小女生舞者的中間，一點都不突兀，反而給人一種溫馨動人的美感。

當記者訪問那些他身邊的小天使，要她們描述和老先生互動的感想時，大家幾乎只有一句話：「佩服得不得了！」佩服應該不只是他的年紀，也是他認真的態度和堅持的精神吧！

據說這位退休老師，在某個機緣裡迷上了芭蕾舞，從此就很勤快的學了起來，學得有板有眼，累積九年舞齡後，才以八十八歲高齡參加他生平第一場的芭蕾舞劇演出。當天欣賞到他輕盈舞技的觀眾，紛紛起立報以最熱烈的掌聲。

老先生對著鏡頭，口齒清晰的說：「老了能跳芭蕾舞，總比進養老院要好得多了。」

跳芭蕾舞要體力，要耐力，也要有韻律感，這對老人家來說，原本是很吃力的，不過這位不想進養老院的老人，卻用行動來證明，對他而言，跳芭蕾舞是多麼輕鬆的一種享受。

我住在英國期間，遇到過很多開朗的老人，他們幽默、倔強、溫馨、有禮貌。常常看著他們蹓狗、慢跑、帶著孫子孫女坐在廣場上曬太陽、餵鴿子、說故事，不然就是一個人隱身在人群當中，欣賞街頭藝人的表演，看到高興處，手舞足蹈，拍手叫好，還會熱情的掏錢去投奉獻箱。我不知道他們寂不寂寞，不過，我看出了他們的幸福感全寫在臉上。

老了並不可怕，可怕的是放棄人生、放棄人際關係、放棄熱情、放棄夢想與放棄可以做的任何事情。放棄自己的人，即使是二十歲、三十歲，也是「老了」。

佛陀曾說：「世間有四件可怕的事，有生就會老，病了就消瘦難看，死了神魂就會離體，死後就不得不永別親人，萬物生滅無常，不能盡如人意，時間消逝了就不會再回來，人的生命也像時間一樣。」這樣的描述，好像X光穿透顯影，把人的一生，勾勒出一張毫不遮掩的圖畫。

人老了，外表會變得不好看，無論多麼善加保養，終究會有皺紋。但是，人可以透過內在的提升，熱情的生活，毫不懼色的平常心，來塑造一個最佳的形象和良好的人緣。我們是否可以說：「人必自老，而後人老之。」如果你認為自己老了，你就真的老了，你的魅力就褪色了。反之，你就不老。

看那位跳芭蕾舞的英國老先生，用音樂和舞蹈，振奮、刺激、活潑、緩和、放鬆、陶醉，舞出他酷炫的人生，我很想豎起大拇指說：「很讚啊！你。」

每天給自己按一個讚

年紀阻擋不了我的活力和朝氣，樂觀是我的態度，陽光是我的招牌。我給自己按一個讚！

讚．留言．分享　1

感謝那摺降落傘的人

週末，去聆聽一場勵志專家的演講，講題是「一定要活得精彩！」這題目很吸引我，演講者的名氣也讓我想要去洗耳恭聽。一開始演講者提到一部由奧斯卡金獎得主史蒂芬・史匹柏導演，湯姆漢克斯主演的電影《搶救雷恩大兵》。他簡單敘述這部電影的情節：

「在第二次世界大戰期間，一九四四年六月六日，聯軍發動史上最大規模的諾曼第登陸（俗稱D日），試圖拯救歐洲備受戰火蹂躪的眾多百姓。

有一位專門負責寫信，安慰出征者家屬的軍人，在按著資料寫信時，發現有一家人，他的三個小孩全部戰死沙場，第四個唯一活著的孩子叫雷恩的，也正在前線打仗，他趕快把這個特殊的狀況向上級報告。

華府指揮官為了不再讓這些英勇士兵的母親，承受喪子之痛，決心將這位母親僅存的兒子，安全地救出敵區。這項任務，無疑非常的危險。

突擊營連長約翰米勒上尉，奉命率領一個班的兵力搜尋雷恩，出生入死，歷盡艱險，最後終於完成了這項幾乎不可能的任務。」

大部分看過這部電影的人，都會著眼在「戰爭的愚蠢和殘酷」，還有「人道主義」精神的可貴。主講人說完這部電影故事的梗概，又說了一個傳說中的故事。

他補充說，底下這個故事，可能是有人杜撰，也可能是真實的情節。

話說，約翰米勒上尉退伍回到家鄉後，有一天，他在一家館子用餐，突然有個人認出了他，跟他打招呼。他和這個人不熟，又好像見過。就問：「我們在哪裡認識嗎？」

那個人說：「約翰米勒上尉，你記得嗎？當年你在執行飛行任務時，常常將戰鬥機對準航空母艦小鷹號降落，有時又從小鷹號起飛，好驚險好勇敢。因為飛機若對不準船上的跑道，馬上就會墜海。我就是在甲板底下專門負責摺降落傘的人。說實在，當時我摺的降落傘只要有一條繩子摺錯了，恐怕就會要了一個人的性命！怎麼樣？我摺的降落傘還好用吧！」

約翰米勒上尉說什麼也沒想到，會在這裡遇到「救命的恩人」，他想起了在炮火中跳傘時，有其他弟兄因為降落傘的繩子纏住，無法順利打開而喪命的往事，不禁百感交集，趨前向他熱切的握手。

演說家強調：「在我們的一生當中，不知道有多少人是為我們摺降落傘的人，我們可能一輩子都不認識他，或是不知道他的重要性。這個故事提醒了我，要去關心身邊的每一個人。例如，可能是一位大樓的守衛、可能是一位送貨的小弟、也可能是一位路過的陌生人……」

每一個奇特的緣分，都可能影響我們的一生，這個故事給我一些啟示和聯想。首先，我們要多關心在我們生命中出現的每一個人，因為他們可能都是我們最重要的關係人。

其次，我們每天都在「摺降落傘」，每一條繩子都要好好的摺，因為一時的疏忽，都有可能把另一個人害得很慘，甚至害人家連命都丟掉了。

再來是，我們要感謝每一個曾經幫助我們的貴人，要期許自己，努力做更多人的貴人。

最後，我們無時無刻，都在做「摺降落傘的人」，每一條繩子，都不能擺錯位置。

既然我們是「摺降落傘的人」，就沒有理由看輕自己的重要性，我們要熱情生活，更有自信，絕不輕忽自己存在的意義和價值。

只要我們活得真誠，我們就能活得精彩。

王永慶先生曾說：「一根火柴棒，可以燒掉一棟房子。」芥川龍之介也說過：「人生就好像一盒小小的火柴盒，不值得你太看重它。不過，你若不謹慎的使用它，則有危險。」

凡事凡物，重不重要，和解讀很有關係。以小看大，以大看小。以遠看近，以近看遠。平凡事物，必隱藏著深刻的哲理。努力做一位稱職的摺降落傘的人，感謝每一位為我們摺降落傘的人。這樣，我們的人生一定會更精彩。

我給所有的貴人按一個讚！

每天給自己按一個讚

當我抽離自己的角度，改以別人的角度看事情時，我會發現自己該做什麼，不該做什麼。我給自己按一個讚！

讚．留言．分享　1

文經社
文經文庫 A289

每天給自己按一個讚

作　　者 — 胡順成
發 行 人 — 趙元美
社　　長 — 吳榮斌
主　　編 — 管仁健
內文排版 — 普林特斯資訊有限公司
出 版 者 — 文經出版社有限公司
登 記 證 — 新聞局局版台業字第2424號

總社．編輯部
社　　址 — 10485 台北市建國北路二段66號11樓之一（文經大樓）
電　　話 — (02)2517-6688
傳　　真 — (02)2515-3368
E - mail — cosmax.pub@msa.hinet.net

業務部
地　　址 — 24158 新北市三重區光復路一段61巷27號11樓A（鴻運大樓）
電　　話 — (02)2278-3158．2278-2563
傳　　真 — (02)2278-3168
E - mail — cosmax27@ms76.hinet.net
郵撥帳號 — 05088806 文經出版社有限公司
新加坡總代理 — Novum Organum Publishing House Pte. Ltd.
TEL — 65-6462-6141
馬來西亞總代理 — Novum Organum Publishing House(M)Sdn. Bhd.
TEL— 603-9179-6333
印 刷 所 — 普林特斯資訊有限公司
法律顧問 — 鄭玉燦律師 (02)2915-5229

定　　價：新台幣 230 元
發 行 日：2012 年 8 月 第一版 第 1 刷
8 月 第 2 刷

文經社網址**http://www.cosmax.com.tw/**
www.facebook.com/cosmax.co 或「博客來網路書店」查詢文經社。

國家圖書館出版品預行編目資料
每天給自己按一個讚／胡順成 著.
--第一版. .--台北市：文經社，2012. 8
面；　公分 .--（文經文庫；A289）

ISBN 978-957-663-675-2　（平裝）
1. 自我實現　2. 生活指導

177.2　　101014345